半径3メートル以内を幸せにする

Koichi Honda
本田 晃一

きずな出版

半径3メートルとは、心の距離のこと。
自分が「心から大切にしたい」と思う人たちのこと。

あなたの
半径3メートル

以内には、
誰がいますか？

Prologue ―

ある未開の地に住む、部族の話です。

未開の部族といっても僕たちと同じ人間。いさかいが起こることもあれば、暴力や盗みなど、コミュニティの平和を乱すようなことをする人もいます。

ただ、僕たちと違って、彼らには憲法も法律もありません。弁護士も検察官も、裁判官もいません。

だから彼らは、誰かが悪いことをしたら、コミュニティの全員で、その人をグルリと取り囲んで「あること」をするのだそうです。

さて、なんだと思いますか？

鉄拳制裁とばかりに、力で思い知らせる？　いいえ、違います。

コミュニティの一員としての責任感やモラルを説いたり、被害にあった人の苦しみを伝えたりして、言葉でわからせる？　いいえ、違います。

でも「言葉を使う」という点だけは正解です。悪いことをした人を取り囲んで、彼らは口々に、こんなことをいい合うそうなのです。

「こいつは幼いころ、よく、足が不自由な俺の手を引いてくれたもんだ」

「うちの子が川で溺れたとき、真っ先に飛び込んで助けてくれたのは、こいつだった」

「食べ物が不足して困っているときに、こいつは、高いところになっている木の実を見事にとってきてくれた」

そう、**彼らは悪いことをした人を取り囲んで、罰するのではなく、その人の存在に**

よって、どれほどコミュニティが幸せを感じることができたかを披露し合うのです。

すると、悪いことをした人は、もう二度と悪さを働かず、まさに全員がそろって表現したような〝いいやつ〟になるといいます。

罰しないで更生させる、それが彼らのやり方なのです。

また、彼らの年間行事のひとつに「大泣きする日」というものがあるそうです。

この日は、過去1年の間に死んでしまった人を思って「あいつは、こんなところが素晴らしかった」「いいやつだった」と、みんなで大泣きするのだそう。

この部族の話を、作家のアラン・コーエンさんから聞いたとき、僕はすごく心があたたかくなりました。何事においても、人のいい面に目を向ける。この点を徹底しているって、なんて素敵な人たちなんだろう、と。

それと同時に、僕たちがやっているのは、彼らとは正反対のことだよな……と、なんともいえない気持ちになりました。

「悪いことをした人を罰しないなんて、小さなコミュニティだからできることだ」

「人のいい面だけを見るなんて、巨大な資本主義経済が発展した先進国では、そうはいかないでしょ？」

はい、国の制度として見れば、たしかにそうですよね。

だけど、ごくごく私的な日常生活として見たらどうでしょうか。

やっぱり僕たちは、人の悪い面ばかり見る、ともすれば罰する……という生き方をしがちで、それはすごく寂しくて悲しいことのように思えるのです。

人は、自分の見方次第で、周囲の人に「黒魔術」も「白魔術」もかけられると、僕は思っています。

いったん「あいつ、嫌なやつ」と思うと、その人のすべてが「嫌なやつ」的に見えてくるし、実際、自分に嫌なことばかりしてくるようになります。これが黒魔術。

反対に、いったん「あいつ、いいやつ」と思うと、その人のすべてが「いいやつ」的に見えてくるし、実際に、自分にいいことばかりしてくれるようになります。これが白魔術です。

なぜこうなるのかというと、人は「自分が見ている世界が増幅された現実」を生きるようにできているから。

ある人の嫌な面を見ると、その嫌な面が増幅した現実になるし、ある人のいい面を見ると、そのいい面が増幅した現実になるということです。

だとしたら、白魔術のほうが、ずっと幸せだと思いませんか?

しかも、そのつもりで周囲を見渡してみると、実際、いかに自分がまわりからよくしてもらっているかに気づくことができます。そんな素敵な事実に気づくだけで、人生はずいぶんと幸せなものになっていくのです。

本書では「半径3メートル以内」を幸せにすることで、幸福感でいっぱいの人生をつくっていこうという話をしていきます。

半径3メートル以内とは、心の距離。つまり、自分が心から大切にしたいと思う人たちのことです。

幸せの基準はいろいろだけど、ひとつたしかにいえるのは、大切な人たちと自分が笑顔でいることでしょう。

ただし、「幸せにする」ということには落とし穴もあります。

その落とし穴にハマると、幸せにしているつもりでも、実際には笑顔がどんどん失われていってしまいます。

どんな落とし穴か――それは追い追い説明するとして、その落とし穴にハマらずに済むカギは、じつはいま、ここで話してきたことで少し明かしてしまっています。

ポイントは、**「すでに、どれほど幸せにしてもらっているか」**ということ、**「自分という存在が誰かを喜ばせる」**ということ、そして**「大切な人を幸せにすることが、自分の幸せになる」**ということ――。

ではこれから、半径3メートル以内を幸せにする方法をお話ししていきましょう。

本書が、あなたとあなたの大切な人たちの笑顔に貢献できたら、著者としてそれほど幸せなことはありません。

Contents

Chapter
2
まず、「自分」から始めよう

Chapter 3

大切な人を、ちゃんと大切にするために

Chapter
4
「半径3メートル以内」を幸せにする

Chapter
5

「ありがとう」を受け取り、「ありがとう」を差し出す

プロデュース　永松茂久
編集協力　福島結実子
ブックデザイン　池上幸一

僕は自分が幸せでいたいから、大切な人を笑顔にすることにした

Chapter

0

自分のまわりを、幸せで満たしていく

幸せにはいろいろな形があって、とらえ方も人それぞれです。

ただ、究極的に「幸せ」とはどういうことだろうと考えてみると、それは、自分のまわりが笑顔で満たされていることなんじゃないかな、と思います。

お金があってもひとりぼっちでは寂しいでしょうし、人がまわりにいても笑顔じゃなかったら、きっと幸せとは感じられません。

どんな幸せの形も、そこに笑顔がなくては不完全なまま。だから「大切な人を幸せにする」というのは、イコール「大切な人を笑顔にすること」といっていいでしょう。

そしてなんとも素敵なことに、幸せは、いくら分けても減ることがありません。

むしろ逆で、分け合えば分け合うほど増えていくのが、幸せというものなのです。

幸せにされたほうはもちろん、幸せにしたほうも幸せになる。

仮に、最初にあった幸せが1だとしたら、大切な人を幸せにしたことで、5にも10にも増えます。こうして、世のなかの「**幸せの総量**」が増えていくというわけです。

前に何気なくユーチューブをサーフィンしていたら、こんな実験をしたという動画が出てきました。

場面はアメリカの大都市（たぶんニューヨーク）。ホットドッグを売るカートに、次々とお客さんが訪れます。

そこでカートの店員さんが「グッモーニン！」「ハブアグッデイ！」なんて笑顔で接すると、ホットドッグを買ったお客さんも笑顔になって、そのお客さんが次に出会う人にも笑顔で接して、その人も笑顔になって――。

というふうに**笑顔の連鎖が広がっていった結果、最初の店員さんの笑顔が与えるインパクトは、何万人にも及ぶと推計される**というのです。

笑顔は、いくらシェアしても減らないどころか、どんどん増えていく。

さきほどもいったように「幸せ＝笑顔」だとしたら、まさに世のなかの幸せの総量が増えていくという話です。

そんな笑顔の連鎖は、あらゆることにいえます。

たとえば、きれいな景色を見て「きれいだね」といえば、相手も「きれいだね」と笑顔になります。景色は減らないし、シェアすることで、もっともっと幸福感は増すでしょう。

つくってもらった料理を「おいしい」といえば、つくってくれた人も「よかった」と笑顔になります。伝えることで幸福感はもっともっと増すでしょう。

幸せをシェアする

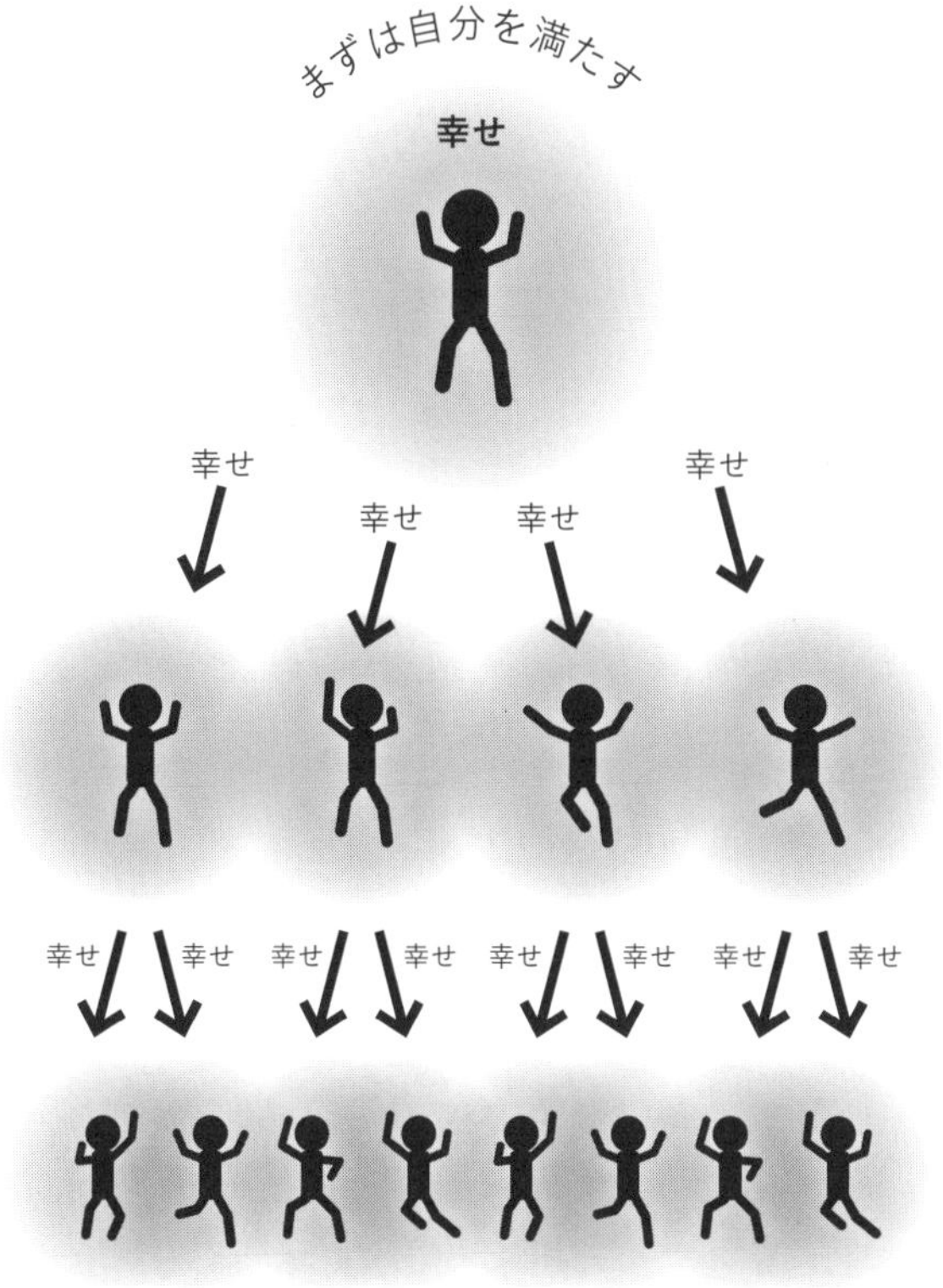

幸せは連鎖し、世界の幸せの総量が増える!

少し視点を変えれば、人を引き合わせて笑顔になる、ということもあります。

大切な人に、大切な人を紹介してバッチリ相性がよかったら、自分は「紹介してよかった」と笑顔になるし、相手の人たちも「紹介してもらえてよかった」と笑顔になります。

なかには人脈を囲いたがる人もいますが、じつは自分にとって大切な人たちをつないだほうが、大好きな人たちの笑顔の輪はどんどん広がっていくものなのです。

このように、幸せは、シェアすればするほど増えていく。

素敵な笑顔の連鎖を、自分発信で起こしていけばいくほど、自分のまわりが幸せで満たされていくというわけです。

あなたの半径3メートル以内には、誰がいる？

自分発信でまわりを笑顔にしていく。すごく素敵なことですよね。

では、誰を笑顔にしていきましょうか？　ちょっと考えてみてください。

あなたにとって幸せにしたい大切な人――あなたの「心の半径3メートル以内」には、誰がいますか？

人の悩みの大半は、人間関係の悩みだといわれます。

一方、人の喜びも、やはり人間関係から得られるものです。

人間関係ほど、苦しみと喜びの両方のもとになりうるものはない。だとしたら、できれば喜びをより多くしたいですよね。

そのために、心の半径3メートル以内には誰がいるか、考えてみてほしいのです。

親、旦那さんや奥さん、子ども、友だち、仲間、さらには、すでに亡くなってしまった大切な人……。

いろいろな顔が思い浮かぶと思いますが、ここで大事なのは「正直なところ、どうか」ということ。というのも、多くの人が「幸せにしたい」と「幸せにすべき（幸せにしたいと思うべき）」を混同しがちだからです。

世間的、倫理的、常識的な「～べき」はすべて取り払って、正直なところ、誰を幸せにしたいと思っているのか。

すると、あなたの半径3メートル以内にいる人たちがはっきりと見えてきます。

いまいちピンとこない……という人も多いかもしれません。

そういう人は、たぶん一番大事なことを見過ごしています。もっといえば、大事な「人」を見過ごしている可能性があります。


それは、自分自身です。

自分の半径3メートルの中心には、まず自分自身がいるということです。

その自分自身を、まずは満たすこと。

すると、満たされた自分が心から大切にしたい人がはっきり見えてくるし、満たされた自分であってこそ、実際に大切な人を幸せにすることもできるのです。

なぜなら、**自分が満たされないうちは、「幸せにする＝自己犠牲」となってしまう**から。そして犠牲に対しては、もれなく見返りが欲しくなるものです。

「こんなにやってあげたんだから、これくらい返してもらって当然だ」

「あんなにやってあげたのに、何ひとつ返してくれないなんてひどい」

——こうなってしまうと、もう笑顔の連鎖も何もありませんよね。

本書の冒頭で、「人を幸せにするということには、ひとつ大きな落とし穴もある」といいました。その答えが、これです。

自己犠牲意識をもって行動することで見返りを求め、結果、誰も笑顔ではなくなってしまう……という落とし穴があるのです。

そこに陥らないようにするために、まず自分を満たすことが大事。

半径3メートル以内にいる、最初に幸せにしなくてはいけない人物は、じつは自分自身なのです。

満たされないうちに、自分の身を削って幸せにしようとするのではなく、自分を満たしてから、まるでコップの水があふれるように、自分という器からジャブジャブあふれる幸せをシェアする。

すでに満たされているから、自己犠牲意識は生まれないし、見返りなんていらない。

笑顔の連鎖は、こうして起こっていくものなのです。

「超素敵な自己中」になろう

人は、自分を喜ばせること以上に、大切な人を喜ばせることに、より深い幸せを感じるようになっているのではないかな、と思います。

1万円で、自分の欲しかったものを買う。これも幸せです。

だけど同じ1万円で、大切な人を喜ばせることができたときは、もっと幸せではないでしょうか。

人それぞれかもしれないけれど、僕にはどうも、人間はそんなふうに設計されているように感じられるのです。

だったら、その本来の設計どおりに生きたほうが、より幸せになれるでしょう。

とはいえ、自分が満たされているという前提がなければ、人を喜ばせるということに疲れてしまいます。さっきの例だって、明日のご飯にも困る状態では、いくら大切な人のためでも、1万円も使うことはできません。

僕の師匠であり、「日本一の個人投資家」と呼ばれた竹田和平さんには、自分と同じ誕生日の子どもや、よくしてくれた人などに、純金のメダルをプレゼントするという習慣がありました。

その人たちから届いたたくさんのお礼状を読む和平さんの顔は、なんともいえない幸せオーラに包まれていて、いまでも忘れることができません。

「いいな〜。俺もあんな幸せオーラに包まれたい！」

単純な僕は、当時、ちょっとでも和平さんの境地に近づきたいと思い、友人と一緒に、あるファンドを立ち上げようと思い立ちました。それは有志が集まってお金を出し合い、誕生日の人に金貨をプレゼントするというものです。

さすがに僕の財力だけでは心細いので、友人たちと協力するなら大丈夫だろうと思ったのです。

話がまとまったところで、「これで少しは認めてもらえるかな」なんて思いつつ和平さんに報告に行きました。すると、認められるどころか、たしなめられることになってしまいました。

「そういうことは、もっと自分がお金持ちになってから、やるもんだよ」

和平さんは、およそ4時間もかけて、このように教えてくれました。

お金だけの話のように見えて、じつはもっと深い示唆を含んでいます。

人に与えるには、まずちゃんと自分を満たさなくちゃいけない。
自分がまだその器じゃないのに背伸びして、あげようとするのは違うんだ。

僕は、自分の浅はかさに気づかされるとともに、まず自分を満たすことの重要性を教えられたのです。経済的にもですが、何よりひとりの人間として。

そもそも「和平さんに認められるかな」なんて思っていた時点で、目的がずれてしまっていたことにも気づきました。

最初は、なんともいえない幸せオーラに包まれている和平さんを目の当たりにして、同じことを体験したいと思ったのに、いつの間にか「和平さんに認められるため」になっていました。

その時点で僕は、まだまだ純粋に人に与えられるような器ではなかったわけです。

与えたら見返りがほしい。与えたら認められたい。

これは、自分が満たされていないから、思うことです。

満ちていない状態で、人を幸せにしようとすると、いまだ満ちていない自分の欲求不満を、相手に思いっきりぶつけることになってしまうのです。

一番の理想は、「**相手を幸せにすることそのものが自分にとっての幸せであり、そのあとは、ぶっちゃけどうでもいい。見返りや承認なんて求めるまでもなく、幸せにするだけで幸せなんだよ〜!**」という状態です。

つまり、まわりの人を幸せにすることで、何より自分が幸せになるということ。

もっといえば、自分が幸せでいたいから、まわりの人を笑顔にするということです。

そのためには、まず自分を満たすことが大事だし、自分が喜んでできる範囲を見極めることも欠かせないでしょう。

僕がこれからお話ししていきたいのは、大切な人を笑顔にすることで自分がもっと笑顔になっちゃう、そんな「超素敵な自己中」になっていこう、という話なのです。

気づいたら「まわりが大好きな人ばかり」になっていた

いままでざっとお話ししてきたように、まず自分を満たし、あふれた幸せを大切な人とシェアしていると、自分がもっと幸せになります。これが「超素敵な自己中」ということですが、じつはそこから、さらにいいことが起こります。

ひとことでいうと、まわりが「大好きな人だらけ」になるのです。

いまの僕が、まさにそれ。

あとでもお話しするように、僕にはかつて、やさぐれていたころもありました。

それが、いろいろなきっかけや人との出会いを通じて、自分を満たし、人を満たしていったら、自分がもっと幸せになって、結果、気がついたらまわりを見渡す限り、大好きな人だらけ……！

こうなるともう、いい循環しか起こりません。

その大好きな人だらけの輪は、素敵な人と知り合うたびに拡大しつつも、内側の幸せの純度はどんどん高まっていく。そんな感じだから、不快なことが入り込む余地がほとんどないのです。

もちろん僕だって人間だから、つまらないことでカチンときたり、ムキー！ってなったりします。

でも、いまでは自分を満たすコツがわかっているから、すぐにリカバーできます。

そして、また自分を満たし、人を満たし、一緒に幸せになれている……という気がするのです。

「こーちゃん、最近『引き寄せ』って流行っとるよね。でも、あれも欲しい、これも欲しいって引き寄せたいばかりだと、自分のまわりに集まってくるのは我の突っ張った人ばかり。それじゃあ、『ガだらけ』になって気持ち悪いがね。でも、人を喜ばせたいとか、世をこんなふうにしたいとか、自分がそういう人間であったら、おんなじような人間がいっぱい集まってきて、そのほうが楽しいがね」

和平さんがいっていたことです。

僕は、とてもじゃないけど、和平さんの境地にはまだまだ遠く及びません。

ただ、自分を満たし、人を満たし、より深い幸せを感じているうちに、周囲が大好きな人だらけで楽しくなっているのって、ちょっと和平さんがいっていたことに近いんじゃないかな、と思っています。

「大切な人を、ちゃんと大切にしている人」同士の幸せなルイトモ効果

あなたの半径3メートルの内側に入れていいのは、自分が本当に大切にしたい、幸せにしたいと思う人だけです。

苦手な人、嫌いな人、よくわからないけど不快に感じる人は入れなくていい。というより、自分とまわりの幸せのためを考えるなら、入れてはダメです。

こうして、本当に大切にしたい人を大切にしていると、ルイトモ効果が働きます。「大切な人を大切にしている人同士」で引き合うのです。

逆に、まるで不思議な力で選り分けられるかのように、身近な人を大切にしていない人は、近寄ってこなくなります。

ちょっと堅苦しいいい方でまとめると、人間関係の価値観が似ている人が集まってくる、といってもいいかもしれません。

で、おもしろいことに、大切な人を大切にしているというルイトモ同士でトラブルが起こるケースって、ほとんどありません。

たぶん、お互いに自分を満たし、人を満たして幸せを感じているタイプだと、人に対して変にダメ出ししたり、「俺のほうがすごいぞ!」ってマウンティングしたりと、トラブルのもとになることが起こらないのでしょう。

身近な人間関係で幸せを感じている人ほど、人間関係のトラブルが起こりづらい、というわけです。

身近な人を大切にしていない人が集まると、どうしてもグチや悩みの披露大会になりがちですが、そんなことも起こりません。会えばいつもいい気分になれるのです。

そう考えると、まわりに共感し合える人たちがいるだけで、どんな環境にあっても人って幸せに生きられるものなんじゃないかな、と思います。

さらにさらに、こうして大切な人を大切にして、ルイトモ効果が働いてくると、不思議なことに、最初は遠ざけていた嫌いな人、苦手な人、不快に感じる人まで、自分にとっていい人に変わってくる、なんてことも起こり始めます。

嫌なやつでも、自分に対しては嫌なことをしてこなくなったり……。

不思議に思えるかもしれませんが、自分を満たし、人を満たすという自分のあり方が、嫌なやつまで感化してしまう。そういう意味でも、自分のまわりに嫌いな人がいなくなっていきます。

ルイトモの法則

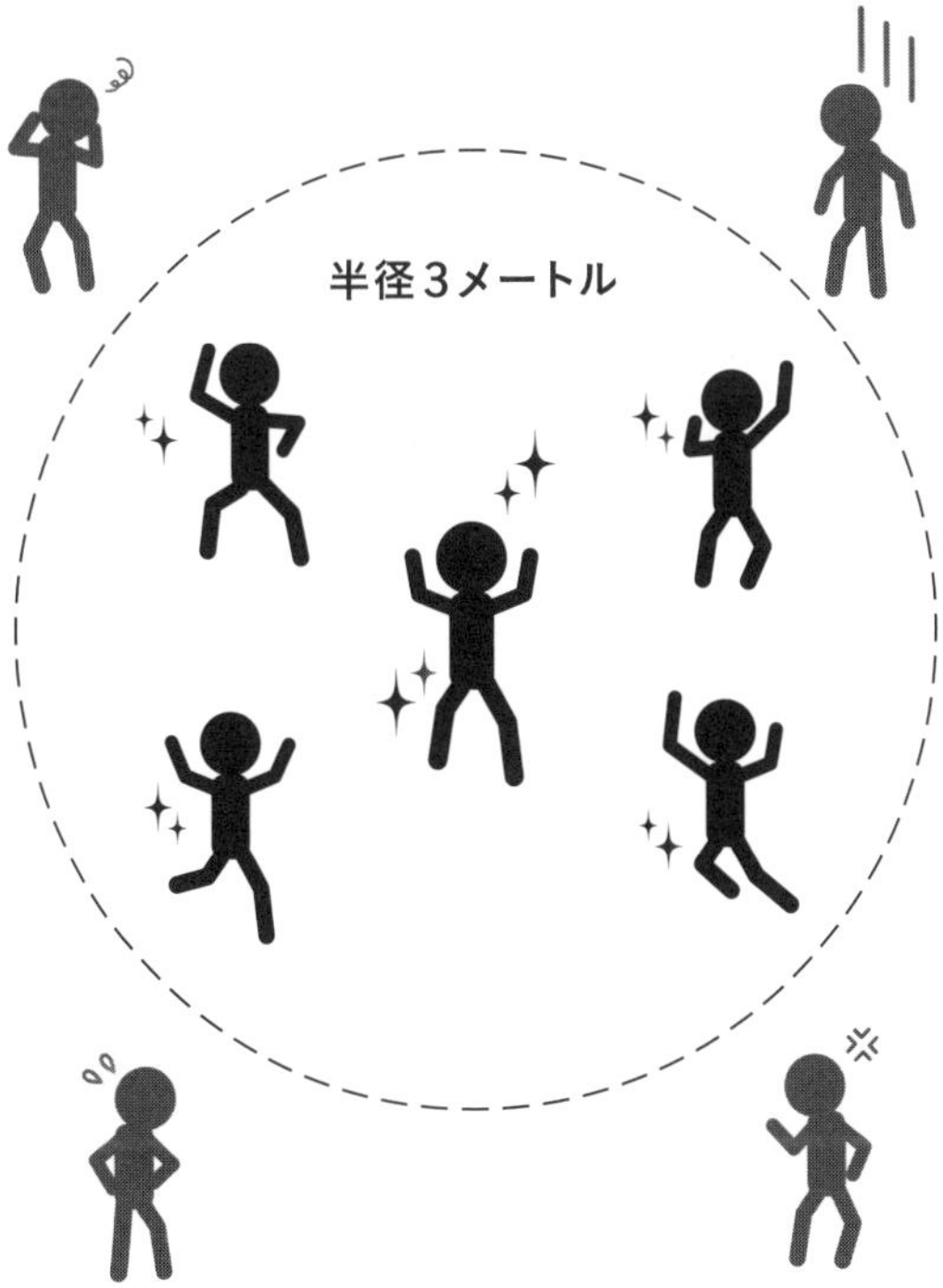

少しでも不快に感じる人は、
半径3メートルに入れない!!

いかがでしょう。

自分を含めた半径3メートル以内を笑顔で満たすと、やっぱり、ほとんどいいことしか起こらなくなるんだって、思えてきませんか？

ではこれから、そんな「幸せ＝笑顔」のミラクルな連鎖を起こしていく方法を、お話ししていきましょう。

Chapter 1

「幸せ」って、何で決まる?

チャンスはすべて「人」を介してやってくる

人は誰もが、人の力を借りて生きています。

そもそも生まれることだって自分ひとりではできないわけで、無数の人の助けがあって、僕たちはいま生きています。

チャンスだってそうです。すべてのチャンスは人を介してやってくる、というのは決していい過ぎではなく、事実だと思います。


そんなの当たり前の話……だけど、意外と見過ごしがちなこと。

とくに、がんばっている人ほど、いつの間にか自分ひとりで努力して、自分ひとりでチャンスをつかんできたように思いがちです。

たしかに、最終的には自分がつかまなくては、チャンスは活かせません。

でも、そのチャンスの源泉を辿ってみると、絶対に誰かしらの力が介在しているはずなのです。

僕も、いままでどれだけ人にチャンスをもらってきたかわかりません。

和平さんと出会い、累計で500日以上も寝食をともにして、たくさんの帝王学を教えていただいたのも、ずっともとを辿れば、僕より少し先に和平さんと知り合っていた出版プロデューサーのトキちゃん（山本時嗣さん）がつないでくれたからでした。

あなたが読んでくれている本書も、もとはといえば古い付き合いのシゲ（永松茂久さん）が、3年ぶりくらいに会って食事したときに、

「こーちゃん、新しい本、書かない？　俺が出版社を紹介するから」

と言ってくれたことがきっかけで、スタートしました。

これらはほんの一例で、そんな話が僕の人生には数え切れないほどあります。それしかない、といってもいいくらい。

「あの人のおかげ」という出来事を思い出してみる

あなたも、ここで「振り返ってみると、あのチャンスがあってよかったな～」というものを、思い出してみてください。

そして、そもそも、そのチャンスは誰のおかげで舞い込んだのかと、チャンスがやってきた川をさかのぼってみてください。

「あの人のおかげだな」という人が浮かび上がってくるはずです。パッと思い出せないものでも、必ず、です。


そして、こういうご縁のありがたみを忘れず、周囲の人を大切にしている人ほど、

大きく成功していくもののようです。

プライベートで付き合っている友だちや仲間を見ていても、仕事でご一緒させていただく方々を見ていても、本当にそう思います。

チャンスはすべて人を介してやってくる。年賀状などは、年に一度、あらためてそのことに思いを馳せるいいタイミングかもしれません。

僕は少し前に年賀状を書くのをやめてしまったから、えらそうにいえる身ではないんだけど……でも年賀状に限らず、「あの人のおかげだな」と思い返す時間をもつのは、すごくいいと思います。

苦しいときに幸せが舞い込む人の共通点

いろいろなところでいっているので、すでにご存じの方もいると思いますが、僕は、いっとき巨額の負債を抱えた父親の会社の立て直しを手伝っていました。

会社の事業内容は、ゴルフ場の会員権の売買です。高い買い物ですから、お客様は企業の経営者が大半でした。

会員権を買うお客様もいる一方で、本業が不振に陥って資金が必要になったために、会員権を手放す、つまり売ってしまうお客様もいます。

そんなさまざまな人の人生の苦楽を、僕は20代半ばから後半で、たくさん目撃することになりました。

そのなかで、気づいたことがあります。

同じように人生の下り坂に入ってしまった人たちでも、3年後もなかなか盛り返せない方、3年後には立派に盛り返している方に分かれるのです。

その違いは、どこで生まれるんだろう？　と思ってよくよく観察してみると、立派に盛り返す方には、2つの共通点があることに気がつきました。

ひとつ共通点として見られたのは、「おかげさま」思考が働きやすいこと。

たとえば、失敗をまわりの人にフォローしてもらったときに、「悪かった」「申し訳なかった」という罪悪感より、「あの人のおかげ」「ありがたい」という感謝が強い人のほうが、立ち直るのも早い気がします。

そしてもうひとつ、どうやら家族や社員など、周囲の人を大事にしているかどうかで分かれるようだ、ということにも気づいたのです。

これらの違いに気づいてから、会社の資金繰りのために会員権を売りたがっている人が3年後にどうなっているかまで、なんとなく想像がつくようになってしまいました。

周囲への感謝を忘れず、周囲の人を大事にしていると、不思議と、どこからともなく助けの手が差し伸べられます。

たとえ一時は人生下り坂になってしまっても、立ち直るきっかけとなる大きなチャンスが、誰かを介してやってくるものなのです。

20代半ばにして、そのことに気づけたのは運がよかったと思います。

父親がつくった巨額の負債を返し、年商が20億円を超えるほどにまで事業を立て直した僕は、同様に20代で成功した経営者とつるむようになります。

経営者仲間のなかでは、たとえば誰かが外車を買ったら自分も買う、といったことが日常茶飯事でした。

でも僕は、ゴルフ会員権の売買を通じて、10年も20年も先を歩く人生の先輩たちを見てきたことで、そんなイケイケな雰囲気に大して染まらずにすみました。

まわりの人を大切にしている人は、落ちても復活できる

もちろん、「フェラーリ3台、もってます」みたいな社長が会員権購入の商談に訪れると、「やべ〜かっけ〜！　俺もそうなる！」なんて、つい思ってしまいます。

でも、売買契約書を取り交わしに会社にお邪魔させていただくと、その社長が社員にぜんぜん優しくなかったり、社長室に近づくにつれて、なぜか秘書の方がセクシーになっていったり……。

そして、そういう社長に限って、ほんの数年後には事業に失敗したり、社長を退任させられたりするのです。

そういう様を見てしまうと、「いけない、いけない、安易にブイブイ言わせてたら、自分も危ない罠にかかってしまう」と、我が身を戒められる気がしたものです。

逆に、「何歳になっても、奥さんラブ」みたいな社長は、社員からも慕われます。会社で謀反が起こったという話も聞いたことがありません。
「社長室」をもたず、その年の新入社員の隣の席が定位置、という社長もいました。「新入社員は、このなかで一番ピュアなハートをもっているから、その空気を吸わせてもらうんだよ」なんて笑っていましたが、自分と社員との間に垣根を設けないことで社員から尊敬され、慕われている様子がビシバシ伝わってきました。

周囲の人を大事にしないと、一時は成功を手にすることができたとしても、結局のところ、あまり幸せなことにはならない。

でも周囲の人を大事にしていれば、それだけで幸せだし、たとえ苦境に立たされても、誰かが新たな幸せを与えてくれるんだな。

これは当時の僕が得た、最大の人生の学びだったと思います。

誰からも好かれる必要も、誰とでもうまくやる必要もない

「人って本当にありがたいし、何はなくとも人がいれば幸せ」といっても、一方にはどうしても苦手な人や嫌いな人もいて当然です。人間ですから。

大人になるって素晴らしいと思うのは、自分さえその気になれば、付き合う人を自分で選べること。会社という組織に属してはいても、学校のクラスという縛りがあったころより、人間関係においてはずっと自由です。

だから、八方美人を心から楽しめる人はいいけれど、それが苦しい人は、誰からも好かれようとしなくてもいいのです。

これは当たり前のことだけど、意外と見過ごされがちではないでしょうか。

ひょっとしたら、「ガキ大将は嫌いだけど、うまく付き合わないとクラス全員を敵に回す……」という習性を、いまだに引きずっているのかもしれません。

誰からも嫌われたくないって、心のどこかで思っている人は多い。

でも、これは詰まるところ、自分を大事にしていないということです。

もっと自分を大事にして、本当に大切な人だけを大切にしていけたら、その大切な人たちと一緒に、もっともっと幸せになれるはずなのに……。


大切な人をちゃんと大切にして、より笑顔にしていけるようになるためにも、嫌いな人や苦手な人とは、もう付き合わない！　そう決めちゃってください。

僕も以前は、あまり行きたくない集まりに、顔を出したりしていました。でもいまでは、はっきり「ごめん、興味ないから行かないね」と伝えるようにしています。

そういうとき、つい「急な用事が入った」とか「子どもが熱を出しちゃって」なんて取り繕いがちですが、行けない理由でウソをつかないのも大事です。

ウソをつくというのは、「断ること」に罪悪感をもっているということ。

つまり、断る自分にオッケーが出ていないため、ウソをつくことで、じつは自分をいじめてしまっているのです。

しかも、こうして罪悪感を抱きながら断っている限り、似たような気の進まないお誘いはなかなか止みません。「行きたいけど、行けない事情がある」という体を取り繕うことで、引き寄せてしまうからです。

断るのに勇気がいるのは最初だけ。慣れてしまえば、なんてことありません。

そうすることで、その人に嫌われるかもしれません。

でも、苦手な人に嫌われたって、なんにも痛くないでしょう。本当に大切な人たちのために、自分の貴重な心と頭と体を使うことのほうが、ずっと大事です。

自分のなかに「バトラー」をもとう

そうはいっても、最初の勇気が出ないんだけど……という人も多いと思います。

そこでおすすめしたいのが、自分の心のなかに「バトラー（執事）」をもつこと。

ロックスターの矢沢永吉さんは、テレビ番組のプロデューサーなどから、気が進まない提案を受けたときに、

「俺はいいんだけど、YAZAWAはなんていうかな？」といって断っている、と聞いたことがあります。

矢沢永吉という人間はひとりだけど、ご自身のなかには、いつも「素の自分」と「世界のYAZAWA」の2人がいるのでしょう。

それと似た感じで、自分のなかに、「バトラーとしての私」と「旦那様としての私」をもっておく。

「バトラーの私はかまわないけど、旦那様の私は何というだろうか？」と、自問自答してみるのです。

たとえば、

「旦那様、〇〇様から、このような誘いがきております。きっと関心あるでしょうから、詳細を聞いておきますね」

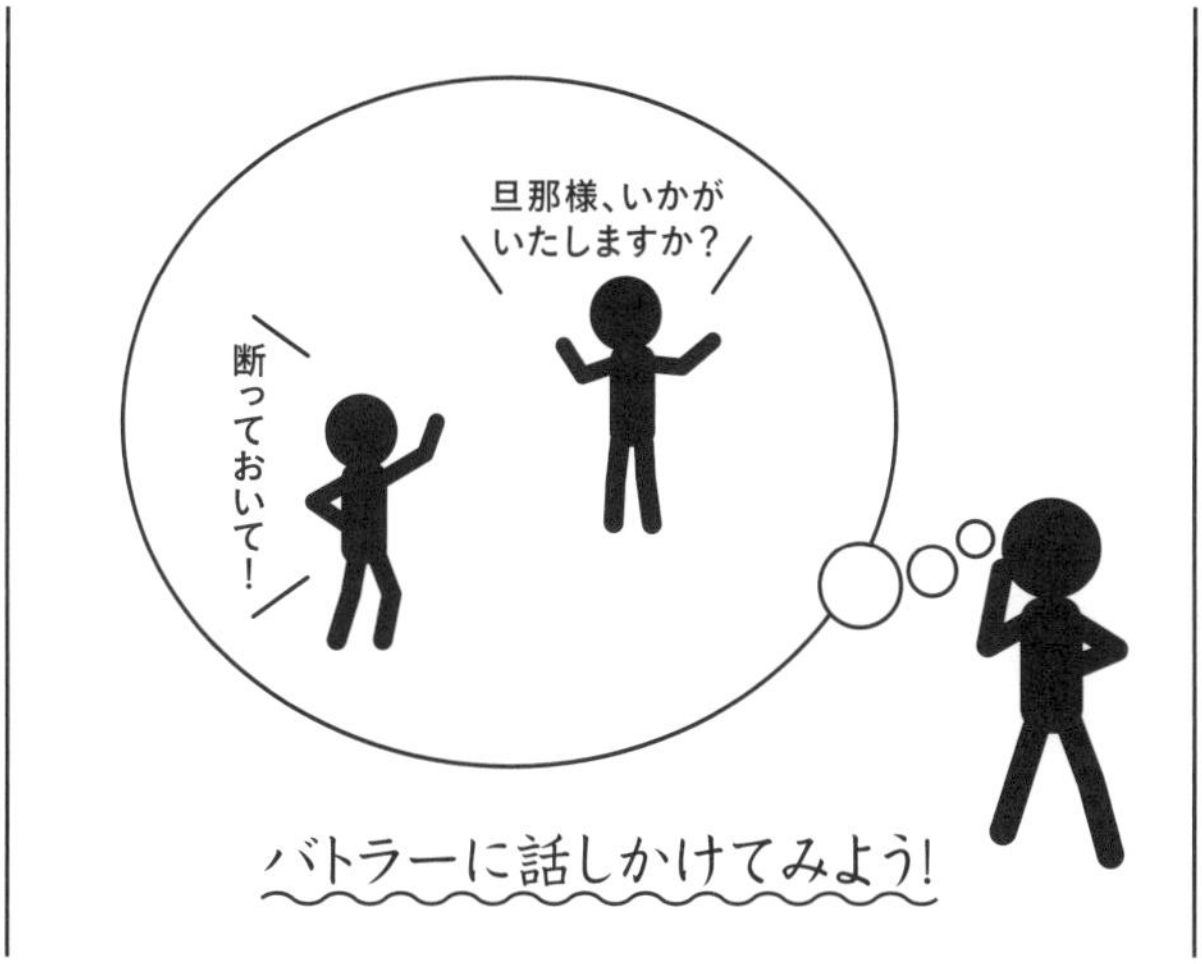

「旦那様、△△様から、このようなお誘いが届いておりますが、おそらくお好きではないと思いますので、お断りしておきますね」

という感じです。

もちろん、実際には、決めるのも断るのも自分自身。

それでも、「自分のなかでバトラーと会話する」というシミュレーションをすると、心理的にワンクッション置かれることになって、はっきり断る勇気も出てくるのです。

オーストラリアの砂漠で実感した、人のありがたみ

何かをしたいと思ったら、たいていは人の助けなしにはできないものです。

そのことを、僕が初めて本当に身をもって体験したのは、オーストラリアを旅行していたころかもしれません。

旅行といっても、「自転車でオーストラリア大陸を一周してやろう！」という、いま考えれば無謀な計画です。

ちなみに、この計画は出発から55日かけて横断したところで、挫折することになります。日本と同じ「島国」だと思っていたオーストラリアは、「そうだ、大陸だっ

た!」と気づいて、あとは車で行くことになったという失敗談なのですが、まあ、それは置いておいて——。

旅の途中には、何日もかけないと抜けられない、広大な砂漠もありました。まだインターネットも携帯電話も普及していない時代、砂漠のサバイバルは、宿に残されている「ビジターブック」にかかっていました。

ビジターブックとは、「自分がいままで来た道のりには、どんな危険があったか」「どこで水を確保できるか」などを書き記したもの。

これから自分が向かう場所から来た人の記述を見れば、そこまで、どんなことに気をつけて進めばいいのかがわかります。

砂漠の状況は、刻一刻と変わります。本などではとうてい情報が追いつきません。だから、「つい数日前にどこそこを通ってきたよ!」という生の声が、もっとも安全な命綱になってくれるのです。

「あそこの水タンクはいまの季節は干上がっているから、重くても宿で水を多めに確保して出たほうがいい」

「あの川にはこの時期たくさんワニが出るから、テントは絶対に川から離れたところに張るように！」

「テントで夜明かしするなら、靴は絶対にテントのなかに入れておくこと！　気温が下がる夜間にサソリが靴に入り込むことがあるから」

などなど、まさに生死に関わる情報の数々。

オーストラリアでは、こういう助け合いを「マイトシップ」と呼ぶそうです。

英語で書くと「Mate Ship」。英米の発音だと「メイト」ですが、オーストラリア訛りで「マイト」と発音します。

Mateは「仲間」、Shipは「関係」といった意味合いで、要するに「**仲間同士、助け合おうぜ！**」という精神が込められた言葉なのです。

これはきっと彼らのルーツ、開拓民の時代から続いている精神なのでしょう。

助けてもらえる幸せと、助けることの喜び

ちなみに、オーストラリアの原住民アボリジニには「ソングライン」という素敵な慣習があると聞いたことがあります。

成人になる儀式のひとつとして、彼らは部族を離れてひとりで旅をします。地図すらもたないひとり旅。その過酷な道のりを歩む知恵として、部族の長老が、旅立つ若者に、ある歌を教えます。

どんな歌かというと、「これくらい歩くと、そこには川があり、川を渡ると山があり……」といった内容。

つまり、長い道のりを話して聞かせても忘れてしまうから、すべてをメロディに乗せて、歌として受け継がれてきたそうなのです。

大切な人に対する、とっても素敵な慣習ですよね。

さて、そんなこんなで、僕のオーストラリアひとり旅は、自転車で一周するという計画は頓挫したものの、本当に学びの多いものとなりました。

見ず知らずの人たちが残してくれた情報を頼りに砂漠を進み、僕自身も、体験に基づくさまざまな情報をビジターノートに書き残してから出発していました。

そうしていると、必要なときに必要な情報が得られるって信じることができたし、情報を書き残す行為そのものが楽しくて、「**人の役に立つのって、こんなにピュアな喜びがあることなんだな〜**」とも感じました。

何かをしたいと思ったら、人の力を頼らずにはできない。

自分もまた、楽しみながら誰かの助けになれる。

こんなふうに実感できたのは、とても大きなことだったと思います。

「幸せな他力本願」が、素敵な循環になる

何かをしたいと思ったら、人の助けなしにはできない。このベースがあると何がいいかというと、自分の弱みや苦手をさらすのが怖くなくなることです。で、怖くなくなると何がいいかというと、意固地にならずに、ちゃんと人の助けを借りられるようになるのです。

これを世間では「他力本願」と呼び、何かよくないことのようなイメージがあります。でも本当にそうでしょうか。むしろ僕は、**みんなが他力を頼り合うことで、世のなかはもっと幸せになるんじゃないか**と思っています。

なぜなら、好きなことや得意なこと、嫌いなことや苦手なことは、人それぞれまったく違うから。

ある人が苦手なことを、別のある人は得意とする、そんな得意と苦手がジグソーパズルみたいに組み合わされたら、誰も苦手なことをがんばらなくていいし、誰もが得意なことを活かせるのではないかと思うのです。

そんな素敵な他力本願の輪を周囲につくっていくには、自分のダメなところを公表することを恐れないのが一番。

苦手なことを「自分でできるもん」とがんばらずに、「マジ無理、誰か助けて！」って白旗揚げてしまう勇気をもつこと、そういってもいいかもしれません。

こんな話を知人にしていたら、「そういうの、心当たりがある」といって、こんなエピソードを話してくれました。

その知人の同級生の話です。仮にAさんとしておきましょう。

Aさんは、いつも突発的にアイデアを思いつきます。

あるときも、「みんなで、こういうことがしたい！」と同級生の仲よしグループ宛にメッセージが届きました。みんなも「いいね！」となり、話の流れで、Aさんが中心になって計画を進めることになりました。

ところがAさん、じつはいい出すのは得意でも、実現させる方法を考えたり、各方面に手配したりといったことは、ものすごく苦手です。

それでも最初のうちは、「私がいい出しっぺだから……」と、がんばろうとしていました。だけど、ついに頭がパンクしてしまい、みんなに泣きのメッセージを送ります。

「ぜんぶ私に押し付けられているようで、すごく悲しかった。ごめんなさい。もう私にはできません」

このメッセージを読んでびっくりしたのは、みんなのほうです。

だってメンバーのなかには、方法を考えたり、手配したりするのを苦にしない、それどころか得意としている人がいたから。

「どうして、もっと早くいってくれなかったの？　だったら私がやるよ」

「じゃあ、私はこれをするね」

こうしてスルスルと役割分担が決まっていき、計画はみごと実現しました。自分のいい出したことが実現したAさんもハッピーだったし、そのAさんの楽しいアイデアに力を発揮できた仲よしたちもハッピー。結果、笑顔となったのです。

弱みをさらけだすと、もっと素敵な関係になれる

この話を聞いて、僕は「いい話だな〜！」と思うと同時に「やっぱり、そうなんだな」と思ったことがありました。

それは、多くの人が、「自分が苦手なことは、ほかの人も苦手に違いない」と思い込んでいるということ。

Aさんにとっては、方法を考えることや各種の手配が苦手なことでした。

では、なぜ、それをすぐにみんなに明かして、任せられなかったのでしょう。

「自分がいい出しっぺだから」という責任感があったから。

「できない」というのは我慢ならなかったから。

たしかにそうですが、もうひとつ大きいのは、「自分が押し付けられたと感じたことを、大好きな人たちに押し付けるのは、よくない」という思いでしょう。

「自分の苦手」は「みんなの苦手」であり、それを自分が率先して引き受ければ、きっとみんなから喜ばれる！　と思っていたわけです。

当時のAさんは、自分が苦手とすることを、よもや得意とする人が仲間内にいるなんて、思いもしなかった。だから、素直に「やって」っていえなかったのです。

でも、思い切って「できない」と明かしたことで、Aさんの苦手と、ほかの仲よしたちの得意のジグソーパズルが、ぴったりはまりました。

いまでは、Aさんは「私はいい出す係！」と吹っ切れていて、Aさんが突然いい出すアイデアにみんなが知恵を出し合う、という流れができあがっているそうです。

Aさんは、自分の弱みや苦手をさらけ出したことをきっかけに、以前にも増して深く理解し合える、幸せな関係を築くことができたのです。

何かを「やりたい」と思うのは自分だし、最初の「やりたい」がなくては何も起こりません。でも、それを実際に「できる」ようにするには、ほかの人の力が必要です。

ここで他力を頼るのは、第一には自分のため。

だけど、まわりの人が能力を発揮できるチャンスができるという意味では、人のためにもなるといってもいいでしょう。

心底このことがわかって他力を頼れるようになると、まわりの人に対して感じるのは「感謝」しかなくなります。そしてまわりへの感謝があふれると、もれなく自分からまわりの人たちのために何かしたくなってきます。

大切な人を笑顔にする土台になるのは「人って本当にありがたいな」と感謝すること。どんどん他力を頼り、感謝する機会を増やすことが、その土台づくりにつながるというわけです。

まず、「自分」から始めよう

Chapter

2

自分の素晴らしさに気づく

笑顔のあふれる人間関係によって、幸せは決まります。

そして人を幸せにするには、まず自分を満たすことが重要だということは、チャプター0でも少しお話ししたとおりです。

ここではあらためて、その「自分を満たす」ということについて、お話ししておきたいと思います。とくに日本人に多い傾向なのか、足りないほうにばかり目を向けて、「自分叩き」を続けている人が、たくさんいるように感じるのです。

あなたは、自分がすごい人間にならないと、周囲に認めてもらえないと思っていませんか？　すごいことができたり、すごいお金持ちになったり、そういう「あと付けの条件」がなくては認めてもらえないと思っていないでしょうか。

大切な人を幸せにするということについても、自分が何かすごいことができなくては叶わない、なんて思い込んでいませんか。

そんなすごいことができない自分は、なんてダメなやつなんだ……って。

でも、それが、じつは大きな勘違いなんです。

自分は何ができるか。どんな価値ある行為を人のためにできるか。

まわりの人に認められるって、そういうことではありません。

大切な人を笑顔にするというのも、そういうことではありません。

何もすごいことなんてできなくても、お金がたくさんなくても、誰もが認められるし、大切な人を幸せにすることができるんです。

いまから何か素晴らしい人物になる必要はなくて、誰もが、いまのままで十分、素晴らしい存在だということ。自分という存在自体だけで、大切な人を笑顔にすることができるんだと考えてみてください。

すると、自分の内側が満たされます。「別にすごい人にならなくてもいいんだ」と、安心できます。

そして、自分の内側が満たされると、恐怖や不安といったものが消えていきます。

すごい人にならなくても、困ったら誰かが助けてくれるし、必要なときに必要なものがやってくると信じることができます。自分がいかに恵まれているかに、気づくことができるのです。

「ないものを得る」のではなく、「あるものに気づく」ということ

このように自分とまわりを信じることができると、もっているものを囲い込もうという発想がなくなります。

なぜなら、自分とまわりを信じていれば、もっているものを失う不安も、存在を脅

かされる恐怖もないから。

すると、まわりの人に惜しみなく与えることができるようになります。不安も恐怖心もないから、自分のところに囲い込む必要性を感じない。だから、フルオープン状態になれるのです。

これが、自分を満たすと、コップから水があふれるように惜しみなく人を喜ばせることができるということです。

これから、そんな自分を整える方法をお話ししていきましょう。

念を押しておきますが、それは自分を高めるとか、向上させるとか、そういう話ではありません。

これからお話ししていくのは、どうやったらみんな、自分の素晴らしさを自覚できるのか――「ないものを得る方法」ではなく「すでにあるものに気づく方法」です。

多くの人の根っこでくすぶっている「自分叩き」の発想を、ここできれいに取り払ってしまいたいと思います。

無理して何かをしなくたって、人を笑顔にできる

手はじめに、またひとつ僕の体験談を聞いてください。

ベストセラー作家の本田健さんとの思い出です。

当時、僕は29歳くらい、健さんは34歳くらいでした。

あるとき、知人に連れられて健さんの講演を聞いた僕は、びっくりしてしまいました。まだまだ若そうな人なのに、僕が尊敬してお付き合いしていた60代や70代の経営者の方々と、まったく同じことを話していたからです。

「タダモノじゃないな……。よし、この人の鞄持ちになろう!」

幸運なことに、講演会のあと食事をご一緒できることになったので、僕は健さんを質問攻めにしました。

そこでは、自分がいかにホームページを使ったセールス戦略で成功しているかも話しました。いま考えると、少しイケ好かないやつですが、健さんとお近づきになりたくて、必死だったのです。

そうこうしているうちに、健さんから「じゃあ、うちのオフィスのホームページをつくってよ」といってもらえました。僕としては願ったり叶ったりです。

ところが後日、勇んで健さんのオフィスに行ってみたはいいものの、なかなか仕事をさせてくれませんでした。

「どういうこと?」と思っているうちに、昼時になりました。

すると健さんがやってきて、「こーちゃん、このあたりにうまいパスタ屋があるから、食べに行こうよ」といいます。

さらに午後も何もしないまま時間が経ち、夕方になったら今度は「こーちゃん、一緒に晩ご飯食べようよ」です。

だったら、せめて食べながら仕事の話をしようと「健さん、ホームページのことなんだけど……」と切り出しても、「この間、こんなおもしろい映画を見てさ〜」と、かわされてしまう始末です。

終始こんな具合で、僕はまったく仕事をさせてもらえなかったのです。それも、1か月もの間……！

ようやく「そろそろホームページお願いしようかな」といわれて、仕事に取り掛かれたころ、健さんに聞いてみたことがあります。

「どうして1か月間も、何もさせてくれなかったんですか？」

——すると、こんな答えが返ってきました。

「だって僕は、こーちゃんに、『たとえ何もできなくても、ここにいてもいい』って、知ってほしかったから」

びっくりすると同時に、目からウロコが落ちました。

当時の僕は、仕事で数多くの経営者の方々に感謝され、自信たっぷり。なかには僕を「先生」なんて呼び始める方もいて、「俺って、すごいんだな」と鼻高々でした。

だから健さんのところに行ったときも、「こんなに優秀なんだから、早く使ってくれよ」と、仕事がしたくてウズウズしていました。

いま振り返ると、僕はそうとうテングになっていた。

その鼻を、健さんは優しく折ってくれたのです。

1か月間も仕事をさせずに、「何もできなくても、ここにいていいんだよ」って伝えることで――。

自分の「行動」ではなく、自分の「存在」が人を喜ばせる

もしあのとき、自信たっぷりなまま仕事に取り掛かっていたら、きっと「僕は、これができるから、認めてもらえる」という発想から抜け出せなかったでしょう。

「自分は何ができるか」で自分の存在価値を決めていると、同じ分野でもっと優秀な人が現れることを、極度に恐れるようになります。

その人の出現によって自分のお株を奪われたら、もう、そこにいられなくなってしまうと思うからです。

その恐怖の裏返しとして、ライバル心をたぎらせて人を蹴落とそうとしたり、必要以上に自分を大きく見せようとしたり……。

こういうのって、ぜんぜん幸せじゃありませんよね。

「たとえ何もできなくても、存在していいんだ」と気づかせてもらえた僕は、そんな落とし穴にハマらずに済んだわけです。

僕は、何かができたから受け入れられたわけじゃない。

じゃあ、どうして受け入れてもらえたのか？

人柄がよかったから？

おもしろかったから？

いいえ、どれも違います。

ただ僕という存在が、そこに受け入れられた。存在そのものが喜ばれていた。それだけ。理由なんてないんです。

そして理由なんてないということは、誰の存在も、いまいる場所で喜ばれて、受け入れられているということです。

自分は存在するだけで誰かに喜ばれているなんて、そんなの信じられないという人もいるかもしれませんね。

では、赤ちゃんを思い浮かべてみてください。

自力では絶対に生きられない赤ちゃんを、何の見返りもないのに、まわりの人は喜んで世話しますよね？

それは親かもしれないし、親ではない別の誰かかもしれません。ただ、誰ひとりとして、まわりの人の世話なくして大きくなれないことはたしかです。

僕だってそう、あなただって、そうです。

いまこうして大きくなっているのは、まわりの人がかわいがってくれたから。当時の記憶がないだけで、存在が喜ばれるという体験を、じつは誰もがしているのです。

その事実に心の周波数を合わせれば、もう「何にもできない自分には、人を笑顔にすることなんてできない」とは思わなくなるはず。

自分という存在そのものだけで、人を幸せにできる、笑顔にできるんだって信じられるようになるでしょう。

自分にオッケーを出し、できることを書き出そう

「何もできなくたって、それでいいじゃないか」

こういうことをいうと、「でも自分は短所だらけだし」「それでも、弱点は克服しなくちゃ」なんて思うかもしれません。

短所がある。弱点もある。そうでしょう。完璧な人間なんていませんから。

でも、それでいいし、それがいいんです。

なぜなら前にお話ししたとおり、自分に苦手なことがあるからこそ、自分とは違った特技をもつ人が活躍できるし、そうなると自分のなかに深い感謝が生まれるから。

すると人情として、「自分も人を笑顔にしたいな」と思えるんです。

短所や弱点に悩んでる人って、それを素直に明かせないばっかりに、自分ひとりでがんばりがちです。

そうすると、どうしてもできないことがもち上がったときに、「できない自分は、なんてダメなんだ」「もっとがんばらなくちゃ」という魔のループにハマってしまう。

人を頼れば、感謝ベースで人を笑顔にしたくなるのに、その循環から、みずからはじき飛ばされてしまうのです。

こんな短所や弱点を抱えた自分に、人を笑顔にできるはずがない……そんなふうに自分をいじめがちでもあります。

そんな人は、ここで少し心のリハビリをしましょう。

自分の長所を使って、人を笑顔にするんだって考えてみてください。

長所なんてないよ、と思うかもしれませんが、誰にだって、できることはあります。

たとえば、この本はいま79ページ。あなたがここまで読んでくれたんだと思うと、僕は笑顔になっちゃいます。

「いや、たまたまこのページを開いただけだし……」っていう人、それでも、この数行を読んでくれて、やっぱり僕は笑顔です。

できることにフォーカスすれば、自分を信じられる

この勢いで、自分にできることを次のページに書き出してみてください。

どんなに小さく思えることでもかまいません。

もちろん、何かちょっとしたことができるようになるよう、新たに練習してみるというのもアリです。

たとえば、「おいしいお茶を淹れられるようになりたい」って思ったら、動画検索で山ほどお手本が見られます。

それを見ながら少し練習して、できるようになったら、自信をもってお茶を出せる

ようになる。これで、「できること」がひとつ追加されます。もちろん、先ほどもいったように、「自分という存在が誰かを喜ばせる」という前提のうえで。

「長所」と考えると身構えてしまうかもしれないけど、誰にだってすでにできることや、ちょっとした練習でできるようになることは、わんさかあるものなのです。

そうやって、自分ができることにフォーカスすると、自分にも人を笑顔にできるんだって信じることができます。短所があっても弱点があっても、そんなの関係ないんだって思えます。できることもできないことも関係なく、すべてにおいて、自分にオッケーが出るのです。

すると、短所や弱点をさらすことも怖くなくなって、素直に人を頼るというのも、できるようになっていきます。

そうなれば感謝が生まれて、もっと人を笑顔にしたくなる。

こうして、心を縛り付けていた縄がスルスルと解けるように、いつの間にやら感謝ベースで生きる土台が整ってしまうのです。

いまのあなたにできること

WORK：書き出してみよう!

例：おいしいお茶を淹れられる

誰もが〝よってたかって〟幸せにされている

大切な人を笑顔にするには、まず自分が笑顔でいることが大切です。

といっても、もちろん無理やり笑うのではありません。笑顔になれる状況が、日々、じつは山盛りあるんだと気づくということです。

ひと言でいえば、「幸せのハードル」を下げてしまおう、という話なのです。

幸せのハードルが下がると、毎日、感謝しっぱなしになります。

たとえば、運転中に工事現場にぶち当たったときも、「もう、道が混むじゃないか

〜！」なんてプンプンする代わりに、頭を下げながら交通整備をしているおじさんに「暑い（寒い）なか、お疲れさまです。ありがとうございます」と思えます。

喫茶店で頼んだアイスティーの氷が、水ではなく紅茶を凍らせたものだったら、「このおかげでアイスティーが薄まらないんだな。私のために紅茶を凍らせてくれてありがとう」と思えます。

そもそも幸せのハードルが高かったら、きっとその氷に気づきもしないでしょう。気づいたとしても「こんなの当たり前」と思って、幸せな気分になるチャンスを逃してしまうに違いありません。

自分をなるべく幸せな気分で過ごさせてあげる

これは、いわゆる「いい人」になるというのとはちょっと違います。

幸せのハードルを下げると、日々、なるべく自分を幸せな気分で過ごさせてあげることができるようになるということです。

怒ったり悩んだりするのって、基本的に疲れることですよね。

疲れるのが好きな人なんて、たぶんいません。

少なくとも僕は、疲れるのがすごく嫌い。だから幸せのハードルを下げて、なるべく毎日、幸せな気分で過ごしたいなと思っているのです。


父親の会社が大きな借金を抱えていたころ、意外と絶望せずに乗り切れたのも、オーストラリアで過酷な砂漠旅を経て、ある意味、幸せのハードルがめちゃくちゃ下がっていたからだと思います。

旅行中は、日本から送られてくるカップラーメンがどれほど贅沢だったか。日本にいたころは容赦なく捨てていたスープを、もったいなくて、水筒に入れて大事に飲んでいたほどです。

そんな場所から帰ってきたら、日本ではカップラーメンなんていつでも食べられる。

砂漠では冷たい飲み物になかなかありつけなかったのに、日本では冷蔵庫を開ければ冷たいお茶も発泡酒もある。それだけで幸せな気分になれました。

とにかく大事なのは、日々、笑顔にさせてもらっていることに敏感になって、その感じをしっかり味わうこと。

「も～う。みんな、よってたかって、私を幸せにしてくれちゃって！」と、毎日のように頭を空っぽにして、つぶやくようにしてください。

要するに、自分に暗示をかけてしまう。そういう訓練をするのです。

そんな「ウソ」は嫌だって思うかもしれないけれど、ウソとは違うんです。

なぜなら、本書の最初のほうでもいったように、人は、自分が見ている世界が増幅された現実を生きるようになっているから。

最初のうちは、「ウソだ～」と思ってしまうのは仕方ありません。

それでも、あえて「よってたかって私を幸せにしてくれちゃって！」という世界を見るようにしていると、だんだん「よってたかって私を幸せにしてくれちゃって！」という現実が、たくさん起こってくるということです。

すると、自分のなかに「感謝ベースで生きる」という基礎ができあがります。これが、大切な人を笑顔にすることにつながっていくのです。

「ありがとう」のすごい連鎖反応

「感謝ベースで生きる」といいましたが、じつは「ありがとう」には、ものすごい連鎖反応を起こすパワーがあります。

その最初のきっかけになるのは、「いままで自覚してこなかったけど、すでに得ている、ありがたいもの」に気づくこと。

たとえば僕たちの肉体なんかは、まさにそれです。僕たちは、がんばって自分で細胞分裂して肉体をつくったわけではありませんよね。そうやって考えてみると、「ありがたいな」と思えることは、ほかにも数限りなくあります。

「親のありがたみ」というのも、そのひとつかもしれません。人それぞれだと思いますが、僕にとって親は、かつては自覚していなかったけど、すでに得ていたありがたいものの筆頭に挙がります。


オーストラリアを旅していたころのこと。

あるとき僕は、「短波ラジオを買って送ってくれないか」と親に頼みました。日本の電波も拾えるラジオです。前に砂漠を渡ったという日本人が、「これはもって行ってよかった」といっていたので、僕も欲しくなってしまったのです。

ただ、現地で買おうとすると高くつくため、両親に頼んだというわけです。

ところが、親から届いたのは何やら巨大な荷物でした。

自転車で行くのだから小型のラジオが欲しかったのに、親は何を張り切ったのか、超高性能なラジオを送ってきたのでした。

自転車に積めないほど大きくては、どうしようもありません。すっかりガッカリして、ブツクサ文句をいっている僕に、現地で仲よくなった日本人の友だちがポツリといいました。

「おまえ、いいよな。俺は小さいときにお母さんが死んじゃってるから、そういうの送ってくれたりするのって、すごい羨ましいよ」

……単純な僕は、その夜、急にホームシックになってしまいました。

「親って、ありがたいんだな」

当たり前のことだろうけど、本当に実感したのは、たぶんこのときです。

このように、自分の肉体や親、人によってはもっと別のものかもしれないけれど、「いままで自覚していなかったけど、すでに得ている、ありがたいもの」が、たくさんあるはずです。

そういうものに気づけるようになると、身のまわりで起こっている、いろんなありがたいことにも敏感になって、そのつど感謝できるのです。

ありがたがっていると、自分の想像を超えるものがやってくる

友人の書道家・武田双雲くんは、その達人レベルです。

彼にかかると、とにかく何でも「感動・感謝」になってしまいます。

たとえば一緒にご飯を食べていると、ふと窓の外に目を向けた双雲くんが、「こーちゃん！　あの夕日、やばくない？　超感動！　自然よ、ありがとう！」なんて、ちょっと涙ぐんだりする。

奥さんと一緒ならともかく、40代半ばを過ぎたオッサンふたりで、夕日に感動するなんて……正直、僕はどうかと思ってしまうのだけど、双雲くんは本当に、いつもそういう感じなのです。

そんな彼を見ていると、なんだかいつも楽しそうに仕事をしているし、何をやっても、だいたいうまくいっています。

本人がいうには、自分から仕事を取りにいったことはなくて、楽しそうな仕事が、

つねに向こうから舞い込んでくるのだそうです。

あるときなんか、どこかの会社の復活物語をドキュメンタリー番組で見て、例によって「超感動〜！」って勝手に涙していたら、直後に、その会社から依頼が来て大きな作品を書くことになった——という話を聞いたこともあります。

いつだったか、双雲くんがいっていました。

「僕は、願いごとはしない。願いごとをもっていると、叶うものが小さくなっちゃうから。でも、ありがたがってると、もっと大きなものがやってきてくれる。だから願いごとをするより、ありがたがっていたほうがいいんだ」

これは僕自身を振り返っても、実感することです。

30歳手前の若造が、どうして竹田和平さんというすごい人の後継者として打診されたのか、きっと多くの人が不思議に思っているはずです。

それもじつは、「ありがとう」のおかげだったのです。

きっかけは、僕のメルマガで、当時、和平さんが熱心に取り組んでいた「徳の学校」の開設について書いたことでした。

そのメルマガ経由で、和平さんの学校へ200人以上の人が入学を申し込んでくれて、それに喜んだ和平さんが、僕に純金のメダルをプレゼントしてくれたのです。

僕はうれしくて、うれしくて、でも、どうやったらお返しできるか、皆目見当もつきませんでした。何でも買える和平さんにモノを贈っても仕方ないし、花を贈るというのもなんか違う気がする……。

そこで僕が思ったのは、「和平さんは僕を喜ばせたくて、このメダルをくれたんだよね」ということ。ならば、その「喜ばせたい」の達成感を、何十倍にもして届けたらいいいんじゃないかと思いました。

僕は早速、30人の友だちを家に集めました。

そして「日本一の投資家がくれた純金のメダルだから、きっと触るだけで運がよくなるよ！」なんていいつつ、メダルをひとりずつもってもらい、「うわ、すごい～！」と笑っているみんなの写真を撮って、和平さんに送りました。

そんな30人分の笑顔を受け取った和平さんは、ものすごく喜んでくれました。

それどころか、「**いままでいろいろな人にメダルを贈ってきたけど、こんなに喜んだ人はいなかった。あなたこそが後継者に違いありません**」と。

つまり、僕がありったけの「ありがとう」の気持ちを示したことが、びっくりするどころじゃないくらい、すごい現実を運んできたのです。

ありがたがっていると、圧倒的に、もらうものも大きくなります。

願いごとは自分の想像力でするものだから、叶ったとしても自分の想像の範囲内にとどまるもの。でも、**ひたすら感謝していると、自分では思わぬところでミラクルが起こって、自分の想像をはるかに超えたものがやってくる**ということです。

これが、「ありがとう」のすごい連鎖反応です。

感謝ベースで生きると、自然と得るものが大きくなって、自分の器から幸せがジャブジャブあふれる。結果として、まわりの人を笑顔にしたいと思えるようになっちゃうわけです。

誰もが「たわわに実ったリンゴの木」をもっている

「人を幸せにする」というと、幸せにできるだけの「元手」がない、だから人を幸せにするなんてできないと考える人もいると思います。

あげるものがなくては、あげられない。たしかにそうですね。

でも本当は、誰もが惜しみなく人にあげられるだけの元手をもっています。

ただ気づいていないだけなのです。

人を幸せにする、笑顔にするって、僕は「たわわに実ったリンゴの木」をもつようなものだなと思っています。

自分では食べきれないほど実がなっていたら、「よかったら、どうぞ」と、まわりの人におすそわけしますよね？

それほどたくさん実を付けるリンゴの木なら、きっと毎年たわわに実ってくれるだろうから、独り占めする発想は働かないはずです。すると「私、リンゴなんて嫌いです！」という人でない限り、笑顔になってもらえます。

幸せも、これと同じなんです。

すでに得ているものが多ければ（多いということに気づければ）、いつでも得られると信じられるから、惜しみなくあげることもできる。

そういうマインドであげると、受け取った相手も笑顔になるということです。

じゃあ、まずはリンゴの木を見つけて、一生懸命たくさん実らせる木に育て上げなくちゃいけないかというと、そうではありません。

だって誰もが、たわわに実ったリンゴの木を、じつはすでにもっているから。

さっきもいったように、「気づいていないだけ」なのです。

「感謝メガネ」をかけて、世界を見よう

和平さんの『けっきょく、お金は幻です。』(サンマーク出版)という本があります。絶版になっていたのですが、少し前に『日本一の個人投資家が教える　お金と福に好かれる「原則」』として、装いを新たに文庫化されることが決まり、僕が「まえがき」を書かせてもらうことになりました。

それであらためて本書を読んでみたら、やっぱり和平さんのベースは「感謝」なんだなって、再確認できました。いつの時代も「ないもの」にフォーカスしていた形跡が、少しも感じられません。

その代わり、「どれほど自分は恵まれているか」にフォーカスし、感謝していたということが伝わってくるのです。

「ないもの」にフォーカスしても、あまりいいことはありません。

その代わり、すでに「ある」豊かなリンゴの木に気づいてください。

感謝のメガネをかけて、まわりのことを「ありがたいな」「ありがたいな」と思っていると、自分には、すでに豊かな「元手」があるんだと気づけます。

きっと「あれ、こんなところにも、たわわに実るリンゴの木が！」なんて、新たに得るということも起こるでしょう。


気づいてみたら、すでにたくさんあるから、どんどん分けられる。こうして感謝ベースで「幸せのおすそ分け」ができる自分になっていきます。


これは何も不思議なことではなくて、人間の脳の自然なメカニズムです。

たとえば、オーストラリアに行きたいと思ったら、オーストラリアの情報が目に飛び込んできますよね。結婚が決まったら、以前は書店の棚で気づきもしなかった『ゼクシィ』をパッと探し当てるはずです。

どちらも興味がなければ、たとえ目の前にあっても素通りしてしまいます。「オーストラリアメガネ」「結婚メガネ」をかけているから、キャッチできるわけです。

「感謝メガネ」をかければ、すでにあるリンゴの木に気づけるし、新たにリンゴの木を得ることもできる。まったく同じことなのです。

「素敵な自分になる許可」を自分に与える

誰にだって、きっと「こうなれたらいいな」という「素敵な自分像」があるものでしょう。

でも、なかなかその姿に近づけない。だとしたら、**それは実力が追いついていないからでも、自分に魅力が足りないからでもなく、「素敵になる許可」を、自分自身が自分に与えていないからです。**

たとえば、あなたが「大舞台に立って、大勢の人の前で歌ってみたい！」と思っていたとします。

でもいざ、「そうですか、じゃあ、どうぞ」と、大舞台もお客さんも準備されたら、「いやいや、ウソです、ごめんなさい！」となりそうではありませんか？

極端な例を出しましたが、許可を自分に与えていないとは、こういうことです。

「こうなりたい」と思ってはいても、「実際にそうなれるし、なってもいいんだ」とは信じきれていないわけです。

その点、親しくさせていただいている心屋仁之助さんと一緒に、以前、福山雅治さんのコンサートに行ったときには驚きました。

おそらく多くの方がご存じのとおり、心屋さんは心理カウンセラーですが、近年の講演会では、ギターを弾いて歌うというのがセットになっていました。

そんな心屋さんが、福山さんのライブでどんな感じだったかというと、ライブを純粋に楽しむだけでなく、ずっと――

「**そうかそうか、こういうふうにいったら、みんな喜ぶんやな**」

……なんてブツブツ言っているのです。

僕は横で「え、ちょっと待って。ひょっとしてフクヤマになろうとしてる？」なんてからかっていました。

でもいま思うと、あれは要するに心屋さんのなかで、大舞台に立って歌う自分の姿が現実的だったんだな、許可が出ていたんだな、と思います。

そうしたら、その2年後、心屋さんは本当に武道館の大舞台に立って、6000人近くものお客さんの前で歌ってしまいました。すでに許可が出ていたから、「いやいや、ウソです、ごめんなさい！」とならなかったわけです。

実例とはいえ、これもちょっと極端な話だったかもしれません。

ただ、ここで僕がいいたいのは、「素敵な自分になる許可」を自分に与えた人は、すんなり、そうなれるということ。

「なれるし、なってもいいんだ」と思えると、不思議と実現するチャンスがやってくるし、やってきたときにパッとつかむことができるのです。

「昔の自分」に応援してもらおう

だけど、人はなかなか自分に許可を与えることができません。

足を引っ張っているのは、「昔の自分を知っている人が見たら『なんか違う』『変わった』、もっといえば『イタい』って思われるんじゃないか」という恐れです。

よく、中学校のころは全然イケてなかったのに、高校生になったとたんに、はじける人っていますよね。それを「なんだアイツ、高校デビューじゃん」なんて、笑った覚えはありませんか？

自分自身にそういう経験があると、余計に「過去の自分を知っている人が見たら……」と怖くなってしまうのです。

とはいえ、本当にイタいと思われるとは限りませんよね。

結局のところ、邪魔をしているのは「イタいって思われるんじゃないか」と思っている自分自身なのです。

すでに自分は、現在と未来を素敵に生きようとしているのに、過去の自分を知っている自分が、「いやいや、おまえ、本当はそんな柄じゃないでしょ」とストップをかけているわけです。

だから、素敵になりたくてたまらないのに、その許可が下りない。

いざ実現しそうになっても、急に恥ずかしくなって、「ごめん、やっぱり無理無理！」となってしまうんですね。

それは仕方のないことでもあるので、ちょっとずつ器を広げていけばいいのかな、と思います。

じゃあ、どうやって器を広げていけばいいかというと、まず「過去の自分」になって、その未来である「いまの自分」を応援してあげてください。

デビューした人を笑っていた人、僕にも覚えがあるのでわかるのですが、バカにしていた半分は、たぶん「いいな〜」という感情ですよね。やりたいことを堂々とやって、なりたい姿になった、そういう人に対するジェラシーもあったと思うのです。

そんな過去の自分が、いまの自分の足を引っ張っているわけですから、まず、そこを書き換えてしまいましょう。

「ごめん、やりたいことをやっているのが、ちょっとジェラシーだったんだ」

そして、過去から未来の自分を応援します。

「いまの自分はこんなだけど、未来の自分はかっこいいから、すごいうれしいよ」

「未来の自分は、そうなれるって、じつはわかってた。いいね」

ここでいう未来の自分とは、つまり素敵になろうとしている、いまの自分。

さっきもいったように、過去の自分になって、その未来である「いまの自分」を応援するのです。

こうして、ちょっと素敵になってみたら、その自分を好んでくれる人もたくさん出てくるでしょう。そこに目を向けることも大切です。

僕も、フェイスブックなどで、ちょっとかっこいいことを書こうと思ったときに、少し怖かった時期があります。高校の同級生とかが見たら、コメント欄で変に絡んでくるんじゃないかって。

でもフタを開けてみれば、まったく絡まれることはありませんでした。何より、ほかにたくさんの人たちが「いいね！」をしてくれたのが、嬉しかったものです。

このように、まず過去の自分の目線から、いまの自分を応援する。そして、ちょっと素敵になってみた自分を「いいね！」と思ってくれる人にフォーカスする。

そうしたら、もうちょっと素敵に、もうちょっと素敵に……という具合に、自分の素敵度が増していきます。

こんなふうに、少しずつ肩慣らしをするようにもっていくうちに、すでに素敵な自分になる許可を、フルで与えていることに気づくはずです。

自分に「塩対応」していませんか？

人間関係は、すべて「投影」です。

どういうことかというと、「自分が自分をどう扱っているか」は、「まわりが自分をどう扱うか」「自分がまわりをどう扱うか」に投影されるものなのです。

つまり、

- **自分が自分をひどく扱うと、まわりも自分をひどく扱う**
- **自分が自分を大事に扱うと、まわりも自分を大事に扱ってくれる**

ということ。そして――

・自分が自分をひどく扱っていると、周囲のこともひどく扱ってしまう
・自分が自分を大事に扱っていると、周囲のことも大事にできる

ということです。

このように、まわりの人との関係は、すべて自分との関係の写し鏡になっているということです。

このことがわかっていると、まわりとの関係を、自分との関係のバロメーターにすることができます。

自分で自分に塩対応をしていると、まるで申し合わせたように、まわりも自分に塩対応をしてくるようになります。まわりの塩対応は、自分が自分に塩対応している現れと見ることができるわけです。

身近な人との関係とは限りません。

たとえば、たまたま乗ったタクシーの運転手さんの態度が、すごく無愛想で感じが悪かった。そういう運転手さんに当たってしまったのも、自分が自分をひどく扱っているというサインかもしれません。

しかも、そういうときに限って、ますます相手の感じが悪くなるような態度を自分からとってしまうものです。

横柄な物言いをしたり、道順に難癖をつけたり……ぜんぶ、「自分が自分をどう扱っているか」を映し出しているのです。

だから塩対応な人が現れたときには、僕は「あ、この人は近ごろ自分に塩対応だったのかも」と思うようにしています。

そして「相手が感じ悪い↓自分も感じ悪くする↓相手はますます感じ悪くなる」という悪循環を断つために、少しでも相手の事情を慮《おもんぱか》って、いい態度をとろうと心がけます。

「この運転手さん、今日は体調が悪いのかな？」

「嫌なお客さんを乗せた直後なのかな？」

なんて想像してみたり……すると自分の態度も自然と軟化します。

自分の運転中にも、変な追い抜き方をする人が現れたりすると、つい「チッ、バーカバーカ」なんてつぶやきそうになります。

でもそこで、

「おしっこ漏れそうなのかなあ」

「あ、ひょっとして奥さんが産気づいたのかも？」

などと、ちょっと突飛でも想像してみれば、心のイガイガが和らぎます。「追い抜き返してやる」といった闘争心も消えてなくなります。

ただ、こういうのは「言うは易し、行うは難し」で、実際にそういう場面になると、難しいんですよね……。僕もまだまだだなと思うことがたくさんあります。

「10年後の素敵な自分」なら、どうするだろう？

そこでおすすめなのが、「10年後の素敵な自分」を思い浮かべること。「10年後の素敵な自分だったら、いま、どう対応するだろうか」と想像してみるのです。

「10年後の素敵な自分」に具体的なモデルがいたら、なおよしです。

「あの人だったら、どうするだろうか」と考えてみるのもいいでしょう。

幸い僕は20代のころに、すごく年の離れたお客さんと、数多く接することができました。レベル的にはかけ離れたところにいた和平さんとも、身近に接することができました。

そのなかで、「こういうふうに振る舞えるのって素敵だな」「成功しつづけるのは、こういう人なんだな」と学ぶことができたし、逆に、反面教師になるような方にも出会いました。

いまからでもまったく遅くはないので、「10年後の素敵な自分」のモデルとなるような人に、たくさん出会いに行くというのも、すごくおすすめです。

大切な人を、ちゃんと大切にするために

Chapter

3

ではあらためて、「半径3メートル以内」には誰がいる？

大切な人を笑顔にする。そのためには、まず自分が笑顔でなくてはいけません。

自分をいじめていたら、大切な人にも優しくできません。

自分を大切にしてこそ、大切な人のことも大切にできるし、自分に「いいね」といってこそ、大切な人にも「いいね」といってあげることができます。

大切な人がいるからこそ、まず自分を満たす。そこでジャブジャブあふれたものを、大切な人たちに分けていけばいいわけです。

人を笑顔にするって、じつはすごくシンプルなことなのです。

そのために、あらためて考えたいのは「自分の半径3メートル以内には、誰がいるだろう？」ということです。

もういちど、あなたが心から「大切にしたい」と思える人を、いまここで、はっきりさせてみてください。

これがわかっているようで、なかなかわかっていないものなんです。

とくに律儀な人、義理堅い人は要注意です。

「あの人とは付き合いが長い」「あの人には〇〇してもらった」「常識的に、こういう人は大切にしなくてはいけない」――思い浮かぶ人物はいませんか？

人から受けた恩を忘れないのは大切なことです。

でも、過去の恩に縛られるあまり、本当は好きではない人や苦手な人を「半径3メートル以内」に入れてしまう……というのは避けてほしいのです。

世のなかには、人に与えた恩をカサに着て、マウンティングしてくる人もいます。

「あのときの恩を忘れたのか」といわんばかりに、支配しようとするのです。

そういう人を半径3メートル以内に入れたら、心が疲弊してしまいます。そうなれば、ほかの本当に大切な人たちを、ちゃんと大切にできなくなってしまうでしょう。

あるいは、「たしかに恩は受けたけど、人間的に合わないんだよな」と感じている場合もあるかもしれません。これも要注意パターンです。

「恩ある人を嫌いになるなんて、あってはならないことだ」「乗り越えなくてはならない」というような、ナゾの〝自分憲法〟が発令され、自分のなかの〝モラル看守〟が自分を罰しようとするからです。

しかも、こうやって自分を罰していると、いつの間にか身近に似たような憲法と看守をもつ人が集まってきたりして……。義理人情はいいものだけど、そこには、こういう陥りがちなワナも潜んでいるのです。

同じ恩を返すのでも、「返さなくてはいけない」ではなく、心から「返したい」と思ってワクワク返すのであれば、素敵なことです。

でも、義務感や責任感、もっといえば自己犠牲意識をもって恩を返すというのは、僕は、ちょっと違うんじゃないかと思います。

人を笑顔にするために、自分が笑顔でなくなったら、絶対にどこかで歪みが生じて、幸せが逃げてしまうだろうからです。

「自分を幸せにしてくれる人」は誰だろう?

心から「返したい」と思えない恩があるのなら、本人に恩返しする代わりに、大好きな人を笑顔にするのがいいと思います。

「恩返し」ではなく「恩送り」――ある人から受けた恩を、別の人に送ることです。

人間の世界は、どこもかしこも恩でいっぱいです。

きっとあなただって、いままでに受けてきた恩はひとつやふたつではないし、恩人もひとりやふたりでは済まないでしょう。

「四方八方、恩だらけ」と考えれば、その感謝の気持ちは誰に向けてもいいはず。だったら、自分が心から笑顔にしたいと思える人に、じゃんじゃん恩を送っていけばいいのではないでしょうか。

僕のいう「半径3メートル以内を幸せにする」というのは、律儀さや義理堅さより、もっともっと、ほんわかしたものです。

自分も笑顔で、まわりも笑顔。そんな笑顔の連鎖反応と相乗効果で、半径3メートルの輪のなかの幸せがどんどん増していく、そんなイメージなのです。

だから、いったん義理人情的な発想は取り払って、単純に「好き、嫌い」で考えてみてください。

いわゆる良心の呵責《かしゃく》が働きやすい人にとっては、これも難しいかもしれません。

であれば、「自分を幸せにしてくれる人は誰か?」と考えてみてください。せっかく幸せにするのだったら、自分を幸せにしてくれる人を幸せにしたほうがいいでしょう。

「何かをしてくれるから」ではなく、「存在」によって自分が笑顔になっちゃう人。だから自分のほうも、「大切にしなくちゃ」「幸せにしなくちゃ」なんて義務感や責任感なしに、ごくナチュラルに幸せにしようとしちゃう人。

それは、あなたにとって誰でしょうか?

苦手な人との付き合いがなくなっても、絶対に何も困らない

「半径3メートル以内には、誰がいる？」という思考作業は、裏を返せば、半径3メートル以内に「誰を含めないか」を考えるということでもあります。

あまり好きではないのに惰性で付き合ってきた人や、それこそ恩義に縛られ、無理して大事にしようとしてきた人……。

いい方は悪いですが、そういう人たちを整理する、いい機会にもなると思います。

その人から誘いがあっても行かないようにする、SNSでフォローを外して、その人の言動につかないようにする、といった策を講じるのもいいでしょう。

いま、きっと、こう思っている人も多いはずです。

「それって要するに『人を切る』ということなわけで、なんだか自分が嫌な人間になる気がする……」って。

これを何と呼ぶかというと、そう「罪悪感」です。

罪悪感とは「罪があるような感じ」ということ。つまり実態がありません。

では、どうして罪悪感が生まれるのかというと、「罪悪感がなくなると困るものがあると信じている」からです。

つまり、**「人間関係を整理することへの罪悪感がなくなったら、何か困ったことが起こるんじゃないか……」という恐怖**なのです。

「人間関係を整理した先の爽快な未来」を想像する

付き合わなくなったら、大好きな共通の友だちとも切れてしまうかもしれない。

急に付き合いが悪くなったら、よからぬことをいいふらされるかもしれない。

そもそも苦手な人にすら好かれたい、嫌われたくない。

心のどこかで、そう思っている場合もありそうです。いま、そんな恐怖があるのは、たぶん、やってみた先の未来が見えていないだけなんだと思います。

想像してみてください。やってみたら、じつは困ったことなんて起こりません。

距離を置いた相手が、自分をどう思っているかなんて、びっくりするくらい気になりません。気分はスッキリ爽快です。だって本当に大切な人たちだけを、笑顔にできる状態が整うのですから、当然ですよね。

すべては自分が心から大切にしたい人を、ちゃんと大切にするためなのです。

自分という人間はひとりだし、時間は有限です。

大切な人を、ちゃんと大切にしようと思ったら、苦手な人や嫌いな人と関わっている暇なんて、本当はないはず。**関わるとしても「9：1」で、大切な人のほうにより多くの時間を使ったほうが幸せ**です。

人は、ついつい苦手な人に9の労力や時間を注ぎ、大好きな人に1のエネルギーや時間しか注げなかったりします。これを苦手な人に1だけ労力や時間を注ぎ、大好きな人に9のエネルギーや時間を注いだら、どれだけ人生が好転することでしょう。

だから、「自分を幸せにしてくれない人とは、付き合わなくていいんだ」「心の半径3メートル以内に入れなくていいんだ」と、自分にオッケーを出してほしいのです。

たとえば、自分に小さな子どもがいたとして、「クラスにジャイアンみたいな子がいるんだ……」と泣いていたら、なんていいますか？

無理やり、そのジャイアンみたいな子の前に連れて行って、「これからも引き続きよろしくお願いします」なんていいませんよね。子どもの心と体を守るために、「もう、そんな子とは遊ばなくていい」と全力でいってあげるはずです。

要するに、これと同じことを自分自身にしてあげればいいのです。半径3メートル以内を、ピュアな笑顔の輪にしていくために。

世間体も規範意識も義理人情も、何もかも無関係に「本当に大好きな人」としか深く関わらない。そう決めた爽快感は本当に格別です。

その爽快感を味わってほしいから、すがすがしく、ごくナチュラルに「別に、それでよくない？」と自分にいってあげてください。

半径3メートル以内には誰がいる？

WORK：書き出してみよう!

「幸せにつながる脳内誤変換」なら、どんどんしたほうがいい

本書のテーマは「半径3メートル以内を幸せにする」です。

だけど、じつは「自分は半径3メートル以内に、どれだけ幸せにしてもらっているかに気づく」というのが裏テーマになっています。

なぜ、これが裏テーマになっているのかというと、幸せにしてもらっているという実感が多ければ多いほど、幸せにすることができるから。

大切な人を笑顔にするには、その大切な人たちに、日ごろ、いかに幸せにしてもらっているかに気づくことが不可欠なのです。

そして「幸せにしてもらってる感」を増やすには、やはり前述したように、幸せのハードルを下げてしまうのが一番です。

幸せのハードルが高いままだと、「幸せにしてもらってる感」を増やすために、大切な人から、いま以上の幸せをもらわなくてはいけません。

つまり、大切な人に対する要求を増やすことになる。ちょっと考えてみただけでも、それは難しいですよね。一方的に、より多くを求めて、相手が困惑したり疲れたりしてしまうという、なんとも残念な結果もチラつきます。

だから、幸せを受け取る自分側の基準を、ぐんと下げてしまえばいい。

すると、ほんの小さなことや、当たり前に思っていたことも幸せに感じられて、おまけに感謝までできちゃいます。

「それは自分を騙すことだ！」と思う人もいるかもしれないけれど、そうすることで、お互いにより幸せになれるのなら結果オーライです。

幸せにつながる「脳内誤変換」なら、どんどんすればいいと思うのです。

僕の師匠である竹田和平さんも、よくいっていました。

「こーちゃん、見てみ。お花っていうのは、人に向けて咲いとるよね。下に咲いてる花は上に向かって開いとるし、上に咲いてる花は下に向かって開いとる。天は人のためにお花をつくったんだね」


もちろん、よく見てみれば、そっぽを向いて咲いている花もたくさんあります。

でも大事なのは、自分がどうとらえるか。

人の脳なんて、どのみち勘違いばかりしているのだから、どうせなら、おめでたい勘違いをしたほうが幸せ、というわけです。

幸せのハードルが上がるのは自分のせいじゃない、人間のせい

人間って本当に欲深いもので、放っておくと幸せのハードルがどんどん上がっていきます。

以前は幸せに感じていたことが、いつの間にか当たり前になってしまって、感謝できなくなるのです。感覚が麻痺するといってもいいでしょう。

たとえば、付き合いたての彼女が味噌汁をつくってくれたら、それが、どんなに失敗作でも、極上の幸せを感じます。

それなのに、彼女と結婚して何年も経つうちに、毎日つくってくれるのが当たり前になってしまう。ともすれば「今日の味噌汁、ちょっとしょっぱくない？」なんて文句をつける始末……。

一事が万事、過去の自分にとっては幸せだったことが、いつの間にか当たり前になってしまうというのは、よくあることでしょう。

これは、自分が悪いのではありません。

強いていえば、人間の性質のせい。相田みつをさん風にいえば、「人間だもの、幸せのハードルが上がったって仕方ないじゃないか」という感じです。

ただ、上がりっぱなしでは誰も幸せになれません。

だから、ここらで、ぐいっと幸せのハードルを下げてしまいましょう。

僕もいっとき、この練習をたくさんしました。

父親の借金を返すために必死に働いていたときは、友だちが側にいると仕事に打ち込めなくなるからと、あえて遠ざけていました。

昔はあれほどモテたくて仕方なかったのに、そのころは彼女をつくろうともしませんでした。

すると、やっぱり心はどんどんやさぐれていきます。

そしてあるとき、ふと鏡を見たら、そこにはものすごく残念な顔をした男が映っていました。心がやさぐれきっていた僕自身でした。

僕は、いつの間にか自分ひとりでがんばっている気になって、ふだん自分がどれほど周囲に幸せにしてもらっているか、まったく気づけなくなっていたのです。

思えばこのときが、「いまの俺、そうとう残念だな」「なんか違うな」と思って、少しずつ幸せ感度を高めていった最初のきっかけだった気がします。

ちょっと意識を向けてみれば、いったいどれほど大切な人に幸せにしてもらっていることか——。

日々、触れ合っている人だけとは限りません。

たとえば、すでに亡くなってしまっているけれど、心の半径3メートル以内に入っている人はいませんか？

もう、その人のことを直に幸せにすることはできません。

だけど、その人が健在だったころに、どれほど自分が笑顔にしてもらったかを思い返すこともまた、幸せ感度を取り戻すということです。

日々の小さなこと、そして過ぎ去ったことにも「幸せだな」「ありがたいな」「幸せだったな」「ありがたかったな」と感じる練習をする。

いつのまにか鈍ってしまった「幸せセンサー」を、ふたたび磨いていってください。

幸せにすることが幸せ。だから見返りなんていらない

「どれほど幸せにしてもらっているか」に気づけると、自分が何かをしたときに、見返りを求めなくなります。

「幸せにしてもらってる感」満載の状態で、人を幸せにすると、「幸せにすること自体が幸せ」になる、だから自然と見返りなんていらないと思えるのです。

思うに、見返りを求めたくなるのは、「幸せにしてやった感」があるからです。

じゃあ、なぜ「幸せにしてやった感」が生じるのかというと、心のどこかに、「相手のために自分を犠牲にしてやっている」という意識があるから。

「相手を幸せにすることが、自分の幸せ」とは思えないから、自己犠牲意識が生まれるわけです。

でも、せっかく大切な人を笑顔にしようとしても、見返りを求めてしまったら、きっと10分後にはちょっと不幸になっています。

言葉でいわなくても、自分では無自覚のうちに、毛穴から納豆みたいな粘着質なオーラが出るものです。

「こんなにやってあげたんだから、これくらいは返して」「こんなにやってあげたんだからほめて」と。

この時点で、相手は笑顔ではなくなってしまいます。

「なんなのよ」「頼んでないし」「別に大したことしてないじゃん」なんて思われる危険すらあります。

おそらく望んでいたような見返りは得られないし、仮に見返りを求めて返ってきたとしても、ふたりの間の幸福感は、かなり薄くなってしまうでしょう。

こうなってしまったら、半径3メートル以内の笑顔の連鎖反応と相乗効果など、望むべくもありません。

だから、大切な人を幸せにする前に、「大切な人に、いかに幸せにしてもらっているか」に気づく必要があるのです。

10分後の幸せのために、いまの設定を変える

といっても、僕だってまだまだ完璧ではありません。

子どものオムツを替えた、お風呂そうじをした……こんなささいなことでも、「ちょっと、僕がやったんだけど？」と思ってしまう。ちっちゃい自分が顔を出すのを感じることがあります。

こういう「してあげてる感」が出るときは、瞬間的に日ごろの感謝を忘れているということ。だから、ちっちゃい自分が顔を出したときは、「あ、いまの俺はちょっとやばいかも」と気をつけるようにしているのです。

「してあげてる感」が出たら、10分後はちょっと不幸。でも、「することが幸せ」と思えたら、10分後はかなり幸せです。

いってみれば、「10分後の幸せのために、いまの設定を変える」ということ。その訓練をしているのです。

僕のまわりを見ていても、ものすごくまわりを幸せにしているのに、ちっとも恩着せがましくない人がたくさんいます。

それどころか、こちらがお礼をいったりすると、「そんなに喜んでくれて、うれしい」と喜んでくれたり、なかには、「え、そんなことしたっけ?」「あんなのでよければ、いくらでも」なんていう人もいます。

みんな「幸せにしてやった感」も自己犠牲意識も、まったく感じられません。

これくらいナチュラルに人を笑顔にできるっていうのは、やっぱり最初から「幸せにしてもらってる感」が強いんだろうなと思います。

大切な人の素敵なところだけをキャッチしよう

大切な人を笑顔にするために、具体的にどんなことをしたらいいか、それはケースバイケースなので、正直、僕には何ともいえません。

ただ、笑顔にできる土台づくりとしてひとつ、おすすめしたいのは、大切な人を「素敵な人メガネ」で見るということです。

「キレイ」でも「カッコイイ」でも「優しい」でも「頼もしい」でも、何でもいいから、とにかく相手の素敵なところを、なるべく多くキャッチできるようになること。

相手を笑顔にするには、それがすごく大事なのです。

じつはこれ、前にも登場した書道家の武田双雲くんが、夫婦円満のために日ごろ心がけていることとして教えてくれたものです。

人は、目の前で起こることすべてを見ているようで、実際には「自分の見たいもの」しか見ていません。

つまり、何をキャッチするのかは、じつは自分でコントロール可能ということ。

だから「素敵なところをキャッチする」と決める。先に「素敵な人メガネ」をかけてしまうのです。

夫婦を例にとれば、出会ったころには相手の素敵なところを、あますところなくキャッチできていたはずです。恋する気持ちによって、自動的に「素敵な人メガネ」をかけていたわけです。

ところが結婚してから3年、5年、10年と経つにつれて、メガネが曇っていってしまう。

それどころか、相手の嫌なところが目につくようになったりもする。

残念なことに、僕たちは、幸せよりもストレスのほうに意識が向くようにできているようです。おそらく、生き残るためには危機を素早く察知できなくてはいけないという、生物的な生存本能によるものなのでしょう。


こうして、かつてはあんなに相手の素敵なところをキャッチしていたのに、幸せに慣れるにつれて、徐々にキャッチできなくなっていってしまうのです。

夫婦の仲が冷めてしまうとしたら、多くの場合、その原因は、お互いに変わってしまったことではなく、メガネが曇ってしまったことなんじゃないかなと思います。


ではどうしたら、ふたたび「素敵な人メガネ」をピカピカにできるでしょう。

まず、相手の素敵なところをキャッチすると決める。

その決意をうまく機能させるためにおすすめなのは、幸せを実感していたころのふたりの写真を、寝室や自分の部屋、リビングなどに飾っておくことです。

たとえば、初デートで撮った写真や結婚式のときの写真。

スマホカメラが普及してからは、以前にも増してしょっちゅう写真を撮っているはずです。記念日に限らず、何気ない日常のなかで、ふたりが心からの笑顔で写っている写真もいいでしょう。

いい換えれば、幸せのハードルがめちゃくちゃ低かったころの写真を飾っておくということです。

「昔の自分」に叱ってもらおう

ポイントは、必ずふたりで写っている写真にすること。

その写真を見るたび、「過去の自分」が「いまの自分」を見つめ返します。

すると、なんだか過去の自分に、たしなめられる気分になるのです。ささいなことで相手にイラついたり、ケンカになったりしたときなんかには、とくにです。

「ねえねえ、この写真を撮ったころは、こんなに幸せだったじゃない?」

「結婚できただけで超幸せだったでしょう?」

「それなのに、今日のあなたはどうしちゃったの?」


……って。


こうして「素敵な人メガネ」の曇りが晴れていく。そして相手がふだん、どれほど自分を幸せにしてくれるかを、あらためて自覚できるというわけです。

僕の知人も、たまたま奥さんが素敵な写真たてを買ってきたので、せっかくだからと、結婚式のときの写真を入れてリビングに飾ってみたそうです。

披露宴のときの、ふたりとも最高の笑顔で写っている写真だそうです。

そうしたら、夫婦間に流れる空気が急にやわらかく、優しくなって、ちょっと冷えかけていた夫婦仲が復活したというのです。

写真の効果って、やっぱり絶大なんだなと思いました。


夫婦を例にとりましたが、これはどんな関係でも効果的です。

親、友だち、仲間、子ども……近ごろ、素敵なところをキャッチできていないなと感じたら、存分にキャッチできていたころの写真を見つけてきて、ぜひ飾ってみてください。

すると、過去の記憶まで書き換わったりするから不思議です。

僕が思うに、「経験値」とは体験した回数じゃなくて、味わった回数によって決まります。

「むかつく奴だ」って味わった回数が多ければ、「私の経験上、この人はむかつくやつだ」となるし、「いい人だ」って味わった回数が多ければ、「私の経験上、この人はいい人だ」になります。

「素敵な人メガネ」を磨き直して、相手と一緒にいる幸せを味わう回数が増えれば、「私の経験上、この人は私を幸せにしてくれる人だ」となるわけです。

一緒に過ごしてきたなかでは、きっと嫌な思いをしたことだってあるでしょう。

でもその体験にばかりとらわれていたら、人生はバックギアに入りっぱなしです。**相手と一緒に、より豊かな幸せに向かっていくためならば、相手の素敵な一面をより多く味わう。思い出して実感する。**

相手が自分の心の半径3メートル以内にいる限り、そんな都合のいい味わい方をしてもいいんじゃないかと思うのです。

それが人生を幸せな方向に動かしていくからです。

そして、このように「素敵な人メガネ」をもう一度ピカピカにして、日ごろ幸せにしてもらっていることを自覚し、相手に感謝できるようになると、その感じは、丸ごと自分にも投影されます。

つまり何か大きなことをしなくても、ささいなことで自分は相手を笑顔にできると信じることができるのです。

「自分なんてダメだ」と落ち込まなくてよくなるから、もっと相手を笑顔にできるようになります。

1枚の写真から始まる、小さな幸せの実感と感謝、そして自信の連鎖。半径3メートル以内を幸せで満たすというのは、何も劇的な変化を起こさずとも、こうして日々、実現していくものなのです。

「かげほめ」で笑顔を倍増させる

大切な人を笑顔にするために、もうひとつおすすめしたいのは「**かげほめ**」です。陰口が人づてに本人の耳に入るように、ほめ言葉も、人づてに本人の耳に入るものです。しかも、人づてに聞くほめ言葉は、直接いわれるよりも、ずっとうれしいものなのです。

これは、テレビ東京「開運！なんでも鑑定団」に出ていらっしゃり、おもちゃ博物館を経営されている、北原照久さんから教えていただいたことです。

「こーちゃん、かげほめって大事だよ。

たとえば自分が会社の社長だとして、アルバイトのAくんとBくんがいたとしたら、Aくんの前ではBくんをほめて、Bくんの前ではAくんをほめるんだ。

そうすると、ふたりが話したときに『このあいだ、社長が君のことすごいって言ってたよ』『ホントに？　僕は社長から君のこんなところがすごくいいって聞いたよ』なんて会話が交わされて、ふたりとも、僕が直接ほめるよりずっと、ハッピーになるんだ」


と話していました。たしかにそうだなと思って、それ以来、僕も意識的にかげほめをするようになりました。


みなさんも想像してみてください。

たとえば、旦那さんの友だちに会ったときに「すごく優しくて素敵な奥さんだって、あいつから聞いてるんですよ」なんていわれたら、どうでしょう。

「そんなふうに思ってくれてたんだ……」ってうれしくなりませんか？

かげほめ

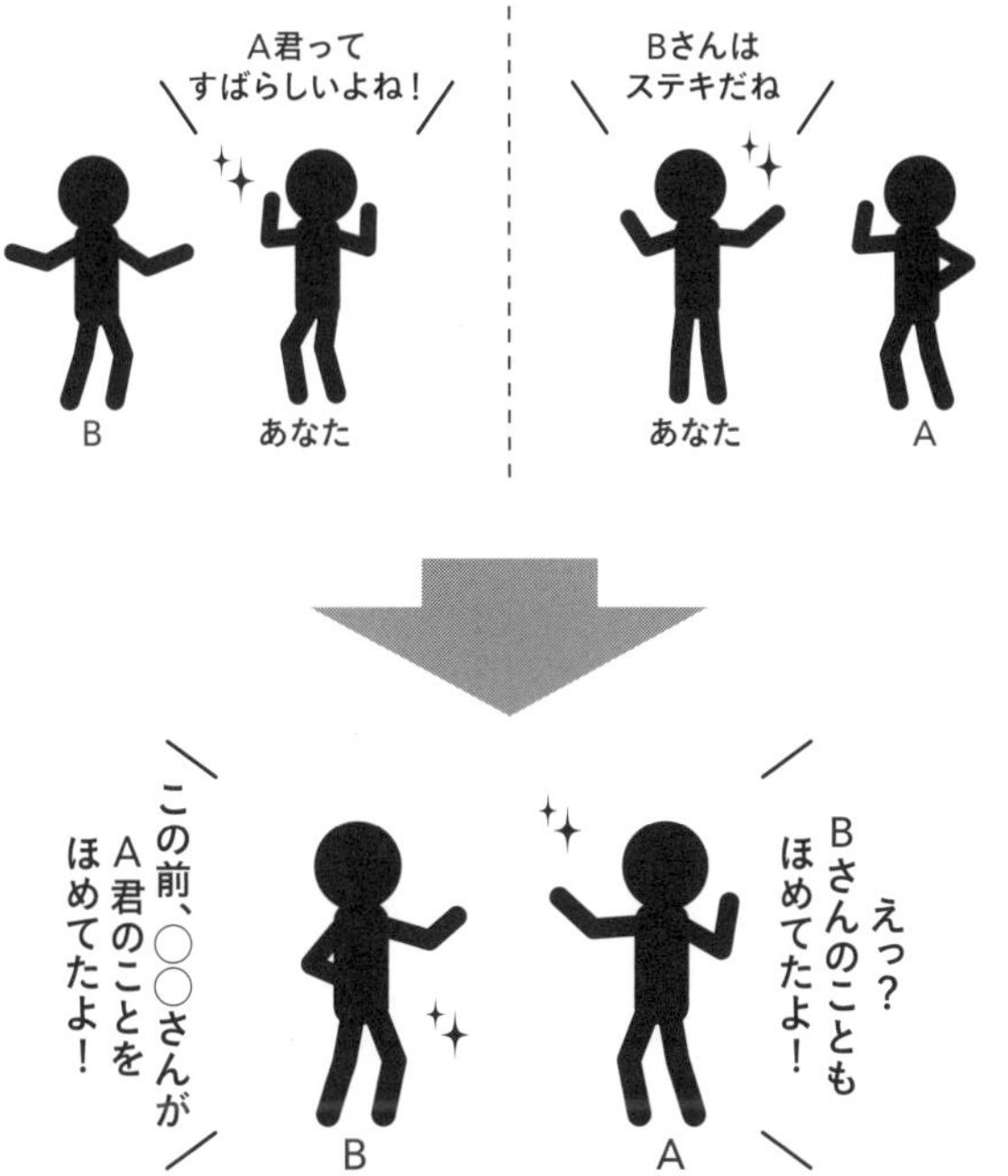

「かげほめ」でみんなが幸せになる!

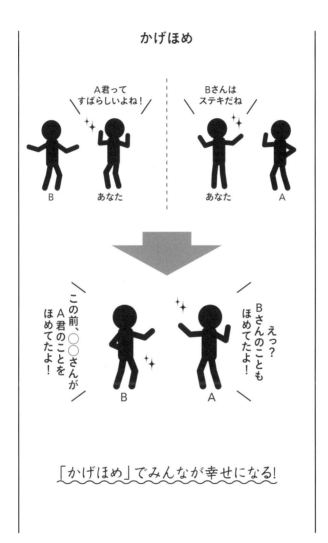

会社の部長から、「がんばってるみたいだね。いつも○○課長から聞いてるよ」といわれたら、「そんなふうに見てくれてたんだ……」って、きっともっとやる気になるでしょう。

直接いわれるのもうれしいけれど、人づてに聞くと、うれしさ倍増なのです。そんな効果を、大切な人にもたらすことができたら素敵です。

だから、直に感謝の気持ちを伝えるのもいいのですが、それと同時に、できるだけ、大切な人に対するほめ言葉はまわりの人たちにいいふらしてください。

あなたの日ごろの「ありがとう」の気持ちを、人づてに届けるようにする。それだけでも、じつは半径3メートル以内を笑顔で満たしていくことができるのです。

Chapter 4

「半径3メートル以内」を幸せにする

理解できないからといって、愛情がないわけじゃない

大切な人を笑顔にしたいと思ったときに陥りがちなのは、意外と「どうすれば相手が喜ぶのかわからない」という点かもしれません。

「大切に思っているはずなのに、どうしたら相手が喜ぶかわからないなんて、自分は失格だ……」なんて具合に、自責の念に苛《さいな》まれてしまうのです。

でも、それは大きな勘違いです。

なぜなら、自分と相手は違う人間であり、いくら愛していても、わからないことはあって当然だから。

これはお互いにいえることです。

小さな子どもを思い浮かべると、わかりやすいかもしれません。

僕には2歳になる娘がいますが、ようやく言葉を覚えはじめた娘との意思の疎通は、まだまだ、かなりおぼつかないものです。

娘がごねて泣いていても、どうしてほしいのかわからなくて、途方に暮れることもしょっちゅうです。

だからといって、僕が娘を愛していないかといったら、もちろん、ものすごく愛しています。僕はただ、ときとして娘の要求がわからなくなるだけ。それによって娘に対する愛情の深さが変わるわけではありません。

そしてこれは、どの大切な人との間にもいえることなのです。

「理解の深さ」=「愛情の深さ」ではない。

ここが飲み込めていないと、相手のことが理解できないときに、「自分には愛情がないんだ」と誤解しがちです。あるいは、相手が自分を理解できないときに、「相手には愛情がないんだ」と誤解しがちです。

でも、本当は違うのです。

ただ、相手がどうしたら喜ぶのか、自分がわかっていなかっただけ。

自分がどうしたら喜ぶのか、相手がわかっていなかっただけ。

自分が悪いのでも、相手が悪いのでもありません。

大切なのは、そこで理解をつくろうとすることです。

相手を理解できないのなら、理解しようとすればいいし、相手に理解されていないと感じるのなら、理解してもらおうとすればいいのです。


いままでにもお話ししてきましたが、半径3メートル以内の幸せとは、まず「自分がいかに幸せにしてもらっているか」を自覚すること。これを起点として「自分がいかに幸せにできるか」を自覚することです。

ところが、「愛情の深さは理解の深さである」「愛していれば理解して当然」という誤解が加わると、この幸せの好循環に歪みが生じてしまいます。

愛情の深さは、イコール理解の深さではない。

つまり、愛情の深さは、たとえ互いに理解できないことがあっても揺るがない。

こうした大前提のうえに、より深く理解し合える機会をつくっていくことで、半径3メートル以内を笑顔で満たしていくことができるんだと考えてください。

まず、「自分の感情の棚卸し」をしよう

ではどうしたら、相手をより深く理解できるようになるでしょうか。

それにはいくつか方法がありますが、まず大切なのは、やはり「自分に対する扱い」なのです。

自分は自分のことを、どれくらい理解できているか。それによって相手に対する理解度も上がり、より笑顔にできるようになるのです。

たとえば何か、大切な人との間で「キーッ」となることがあったとします。

その「キーッ」は何が原因なのか。怒りなのか、寂しさなのか、あるいは嫉妬心なのか何なのかと考えてみると、自分の感情メカニズムが見えてくるでしょう。

仮に、「自分がキーッてなったのは、寂しかったからだ」と気づけたとします。

そうしたら、まず、その自分の気持ちに寄り添ってあげてください。

わかってくれない相手を責めて理解を求めるのではなく、自分で自分に「そうかそうか、寂しかったんだね」と共感してあげるということです。

ほかにも、たとえば我慢していたなら「よく我慢したね」と自覚して労ってあげてほしいし、取り繕って無理していたのなら、「もう取り繕わなくていいからね」と自覚して安心させてあげてほしいと思います。

すると逆に相手が「キーッ」となっているときに、「あ、ひょっとして寂しかったのかな」などと想像できます。

自分の感情の動きを理解することで、相手の感情の動きに対する理解度も深まるというわけです。

そうでなかったら、「キーッ」となっている相手に対して、こちらも「何、ひとりでキーッてなってんの?」とイライラして、お互いの無理解のミゾは埋まらないままでしょう。

愛情の深さは理解の深さではないけれど、こうした無理解による行き違いを放置すると、結果的に愛に亀裂が入ってしまいかねません。

もちろん、愛していても違う人間だから、まったく違った感情メカニズムで「キーッ」となっている可能性もあります。

ただ「あ、ひょっとして寂しかったのかな」って想像してみることは、少なくとも「この『キーッ』のうしろには、何か原因があるはずだ」と、相手を慮るとっかかりになります。

自分の想像が当たろうと当たるまいと、それが、より深い理解と、相手にもっと優しくなれるきっかけになるというわけです。

それに、自分で自分の感情を抑制していると、じつは同じ感情が相手のなかで増幅し、ぶつけられることもあります。

たとえば、旦那さんが「寂しい」という気持ちを押し隠して忙しくしていると、奥さんのなかで寂しさが倍増されて、「寂しい」「寂しい」「かまって」「かまって」という感情の吹き矢が飛んできたりするのです。

旦那さんだって寂しいだけだったのに、そんな吹き矢を浴びせられたことで、家に帰りたくなくなり、家庭内に不和が生じてしまう。

これも、愛情の深さとは関係ない無理解が、結果的に幸せに影を落としてしまうパターンといっていいでしょう。

そういう意味でも、自分の感情の棚卸しは、本当に重要なのです。

「幸せのお手本」のところへホームステイをしよう

大切な人を幸せにする具体的な方法がわからないのは、自分が悪いとか劣っているとかではなく、単に知らないだけ。

それを知るために、「自分も、こういうふうに幸せにしたいな」と思えるお手本を探して、「ホームステイ」させてもらうのはおすすめです。

愛しているけど理解が足りないというのは、いってみれば、外国語を話したいけど、語彙力が追いつかないというのと同じようなものです。

だから、外国にホームステイして、その国の言語を学ぶように、お手本となる人とたくさん接して、方法を学べばいいわけです。

実際に接することができる身近な人をお手本としてもいいし、憧れている人のSNSやブログから学ぶのもいいでしょう。ホームステイが難しければ通信教育でもオッケー、といったところでしょうか。

「ネット上には、いいことしか書かないでしょ……?」と思ったかもしれませんが、問題はありません。どのみち、素の自分をすべて見せている人なんていないのですから「いいところ」だけ見て学べばいいのです。

その気になれば、お手本は、そこらじゅうに見つかるはずです。

たとえば「素敵な笑顔で接したいな」と思うなら、もしかしたら、スーパーやコンビニエンスストアの店員さんがお手本になるかもしれません。

もちろん、店員さんの笑顔は営業スマイルだけど、それがどこか親身であたたかみを感じるものであれば、じゅうぶんお手本になります。毎日でも通って、素敵な笑顔の極意を密かに学ばせてもらうといいでしょう。

僕の場合は、かつて新宿の荒木町にあった「りんごの絆」という伝説のフレンチレストランをやっていた、素敵なご夫婦がお手本でした。

36歳で結婚した当時、僕は、お世辞にも「家庭的」とはいえない性分。現に、奥さんのことは大好きなのに、ささいなことでケンカばかりしていました。

そのフレンチレストランには、縁あってよくお邪魔するようになったのですが、なぜか、奥さんとケンカしたタイミングで行くことも少なくありませんでした。

おいしいものを食べれば、とりあえずケンカは休戦です。

ほかのお客さんが帰ったあと、ご夫婦も交えておしゃべりしているうちに、自然と夫婦のお悩み相談になっていきました。

「こんなことでケンカになってしまったのだけど、どうして奥さんが怒っているのかわからない……」

なんて僕が嘆くと、ご夫婦が奥さんの気持ちを代弁してくれます。

代弁というか、それは「翻訳」といってもいいくらいでした。

「○○ちゃん（奥さんの名前）は、こーちゃんに、こういうところをわかってほしかったんだよね」

「こういうのが寂しくて悲しかったんだよね」

「本当は、こういいたかったんだよね」


そのご夫婦の言葉を介すと、まるで外国語が日本語になって耳に入ってくるように、奥さんの気持ちがわかるのです。

そして、お店に行くときは何となくギスギスした雰囲気だったのが、帰るときには手をつないでいる……そんなことが、どれほどあったでしょうか。やがて自分でも、奥さんの気持ちがわかることが増えていきました。

そのお店に行くことが、僕にとっては、まさに「夫婦円満のコツ」「奥さんを笑顔にするコツ」という言語を学ぶための、ホームステイになっていたわけです。

自分の「幸せにしたいニーズ」を満たしている人を探す

じつは幸せな人ほど、あまり声高には自分の幸せをアピールしません。

でも、ちょっと意識して見渡してみれば、あちこちに幸せな人っているものです。

「あの人は、いつも楽しそうに仕事してる。きっと仲間との関係がいいんだろうな」

「あのご夫婦は、いつも幸せそうだな。きっとお互いに大切に扱ってるんだろうな」

こんなふうに、「仲間を笑顔にしたい」「家族を笑顔にしたい」などなど、自分の「幸せにしたいニーズ」に応えてくれそうなホームステイ先を探してみてください。

そんな人いるのかな……と思うかもしれませんが、「素敵な自分になる許可」（97ページ参照）が出ていれば、必ず見つかります。

誰しも必要なときに、必要なものが現れるようになっているのです。

そして見つかったら、ぜひお近づきになって、まずはその人がまとっている空気をめいっぱい吸い込んでください。

幸福感や、「まわりの人を幸せにしてる感」は必ず伝染するものなので、これだけでも効果は絶大です。

世のなかには、たしかに何も考えなくても、大切な人を笑顔にできてしまう天然体質な人もいます。

そういう人を見ると、つい自信がなくなりそうだけど、大丈夫。

僕自身そうだったように、すでにできている人と仲よくなれば、自然にできるようになるでしょう。

「自由だったころの自分」なら、何をするだろう？

人を笑顔にするには、まず自分が笑顔でいること。すでに何度もいってきたように、この大前提がものすごく大事です。

その一環として「いまの自分を幸せにするには？」と考えてみることも大切です。

人って「大切な人を幸せにする方法」以上に、意外と「自分を幸せにする方法」がわかっていなかったりします。

僕はよく「自分がいい気分になることしかしない『理想の1週間』を書いてみよう」というのですが、ほとんどの人が、そこでフリーズしてしまうのです。

でも、そのままの状態で大切な人を優先して、幸せにしようとがんばってしまうと、どうしても自己犠牲意識が顔を出します。

自己犠牲意識から生まれる悪循環は、前にもお話ししたとおり。見返りを求めるオーラが発散されて、お互いに笑顔でなくなってしまうでしょう。

そこに陥らないためにも、「どうしたら自分を幸せにできるか」を考えたいけれど、ただ考えてみても、思い浮かびづらい……。

どうしたらいいでしょう？

何か思考のトリガーになるものがあるといいですね。

そこでおすすめなのが、いまより自由だったころを思い出してみることです。

自分のためだけに時間を使ってみる

僕は、20代のころにサックスを習っていました。

その後、父親の会社の立て直しなどで忙しくなってやめてしまったのですが、2年くらい前に、かつて習っていた先生とフェイスブックでつながったことでサックス熱が再燃し、また習い始めました。

ある日のレッスン後、先生が、こんな提案をしました。

「お互い車を買ったばかりじゃない？　これから、それぞれの車で葛西臨海公園まで行って、写真を撮ろうよ」

葛西臨海公園は、昔サックスを習っていたころ、ほかの生徒さんと先生と花火をしたり、お互いの車を見せあったりした思い出の場所。

昔話にも花を咲かせつつ、そろって写真を撮り、車に乗り込み、窓から「じゃ、また来週〜！」なんていい合って、帰路につきました。

たったこれだけのことでしたが、なんだか20代のころの青春を思い出して、「めちゃくちゃ贅沢な時間だったな」と、すごく心があったかくなりました。

そうなると帰宅後、いつも以上に家族に優しくできたりして……。

単純ですよね。

でも、そういうことって、あると思うのです。

これは偶然に起こったことですが、かつて自由だったころの自分を意図的に追体験してみるといいと思います。

きっと誰にでも、いまよりずっと無制限に、自分のために時間を使えていたころがあるはずです。

「そのころの自分だったら何をするかな？」と想像してみてください。

仕事しなくちゃとか、家族の世話をしなくちゃとか、そういう日々のタスク全部から少しのあいだ離れて、自分を喜ばせるためだけに時間を使ってみてください。

可能であれば丸一日くらいは使ってほしいけれど、ひとまず1時間だけでもかまいません。

つかの間、日々のタスクを忘れて笑顔で過ごす。これだけでも、きっと大切な人との接し方が、いっそう優しいものに変わってくるはずです。

「やりたくないことリスト」をつくってみよう

「どうしたら自分を幸せにできるか」と考えてみて、いかがでしょう?

いまより自由だったころを思い出してみたら、たくさん思いついたという人もいれば、やっぱり「……?」という感じの人もいると思います。

ならば、まずは、逆に「やりたくないこと」からはっきりさせるというのもおすすめの方法です。

苦手だけど、嫌いだけど、でも日々やっていること。これなら、自分の毎日を振り返ってみるだけだから、書き出せるのではないでしょうか。

といっても、「やめるんだ」って思って書き出そうとすると、「これはやめられないし……」と、またフリーズして自由に書けなくなってしまいます。

それらをやめるために書き出すのではありません。

一番の目的は、「自分はこれが嫌なんだ、苦手なんだ」と自覚すること。

そして自覚したら、その嫌なこと、苦手なことをやっている自分を、めいっぱいほめてあげてください。

「私って、エラくな〜い？」

頭ではなく心に響かせるために、ちょっとバカっぽくつぶやくのがポイントです。

「やりたくない罪」から、自分を解放する

すると、自分をいじめていた自分が、自分を認められる自分に変わっていきます。

そして自分を認められる自分になると、不思議なことに「やりたくないことを、もうやらなくていい現実」になっていくのです。

どういうこと？　と思いますよね。でも、そうなんです。

ちょっと仕組みを説明しておくと、次のような感じです。

人はよくも悪くも、感じている気持ちをもっと感じるような現実を、自分で引き起こしていきます。だから、

あることを、心の底では「嫌だな」と思いながら続ける
↓
自分では無意識のうちに、その「嫌だな」という気持ちを、もっと感じるような行動を起こしてしまう
↓
「嫌だな」と思うことをするのを、やめられない

だけど、

心の底では「嫌だな」と思いながらやっていたことを自覚する

←

「そんな自分ってエラくな〜い？」と、ほめてあげる

←

自分を認める自分になれる

←

幸せ指数がひとつ上がる

←

自分では無意識のうちに、その幸せをもっと感じるように行動する

←

「嫌だな」と思っていたことをやめることにオッケーが出る

と、このように、気持ちの出発点を「幸せ」にすると、結果として「嫌だな」と感じるようなことは、しなくていい現実がやってくるのです。

たとえば「おそうじが嫌だな」と思っていたとします。

その気持ちを自覚して、「エラくな〜い？」と自分を認めてあげると、「たまには休んで、旦那さんにお願いしちゃおうかな」「おそうじのプロフェッショナルであるダスキンさんに、定期的に来てもらおうかな」といった発想が働きます。

こういうメカニズムが働く場合も多いから、まず「やりたくないこと」を書き出してみてほしいのです。

いったんネガティブ面に目を向けてみることで、結果、ポジティブな変化が起こっていく。不思議ですが、人間って、そういうふうにもできているようです。

そこから徐々に「自分を幸せにする方法」も考えやすくなっていくだろうし、自分が幸福感に満たされれば、それは必ず大切な人にも波及します。

究極的には、自分が幸せであることが、大切な人を幸せにするということ。

自分で自分をご機嫌にする達人になればなるほど、大切な人をもご機嫌にしていくことができるのです。

大切な人と「トリセツ」を交換する

ひと口に「幸せにする」といっても、どういうことをしてもらったらうれしいかは、人それぞれです。それに、相手が「してほしい」と思っていることでも、自分にできることと、できないことがある。これも当然です。

相手が喜ぶことで、なおかつ自分が喜んでできること。この両方の条件を満たす方法で相手を笑顔にしてこそ、半径3メートル以内は笑顔で満ちていきます。

相手はどういうことを喜ぶのかを知り、自分はどういうことなら喜んでできるのかを伝える。いってみれば「**トリセツ**（**取扱説明書**）」を交換するということです。

相手のトリセツは、直球で聞いてしまうのが一番、手っ取り早いでしょう。

作家で親友の犬飼ターボくんは、結婚後15年以上もラブラブな夫婦関係を続けているのですが、折に触れて「こういうことをしてもらうとうれしい」「こういうことをされると嫌だ」ということを伝え合うことが夫婦円満のコツだといっていました。

このラブラブ夫婦にならって、奥さんや旦那さんに「あなたは、どういうことをされると愛されてるなって感じる？」「どういうときに、大切にされてるなって感じる？」と聞いてみるのは、すごくいいと思います。

また、仲間や友人など、いきなり聞きづらいという場合は、フェイスブックなどSNSでの発信を参考にするのもひとつの方法です。

もちろん、何気ない日常会話のなかで、「こういうことが好きなんだ」「こういうことは嫌いなんだ」と知ることもできるでしょう。

仲間内で、「あの子は、こういうことやってあげると、すごい喜ぶよ」などと、自分が入手したトリセツをシェアするのもいいですね。

間接的に、またひとつ、半径3メートル以内に笑顔を増やせるかなと思えば、自分も幸せです。

一方で、「自分が喜んでできる範囲」をはっきり自覚しておくことも大切です。

いいとか悪いとか、決してジャッジはせずに、自分のトリセツを100パーセント尊重してください。

これができると、大切な人のトリセツもジャッジせずに、100パーセント尊重できるようになります。実際に相手の期待に沿えるかどうかは別として。

自分で自分のトリセツをわかっていないと、相手を笑顔にすることに自分がアップアップしてしまい、笑顔が消えていってしまいます。

ただ、やってみなくてはわからないこともある、というのも事実。

ディズニーランドのアトラクションだって、全部乗ってみないと、自分はどれが好きなのか、わかりませんよね。

大切な人から「こんなことしてほしい」といわれた場合も同じです。

それがいままでやったことがないことだったら、とりあえずやってみなくては、自分が喜んでできることなのかどうか、わからないということです。

だから食わず嫌いはせずに、いったん相手のいうことに乗ってみる、というのもアリなのです。

それで「あんまり喜んでできなかったな」と思ったのなら、「ごめん、こういうのはちょっと苦手みたい」と正直に伝えましょう。無理して続けようとすると、例の自己犠牲意識の悪循環にはまってしまいます。

大切な人に求められたことを、喜んでできないからって、自分を責める必要もありません。

だって、人には得手不得手があって当たり前だから。いくら大切な人に求められたことでも、喜んでできないものは、できないのです。

このことをはっきり自分でも認め、相手にも伝えたら、もっと別のことで大切な人を笑顔にできる方法が、必ず見つかります。

「喜んで幸せにできる距離感」に正直になる

「自分が喜んでできる範囲」というのには、「自分が心地いい距離感」というのも含まれます。

僕の知人などは、家族をすごく愛していて、笑顔にしたいって心から思っているけれど、四六時中、一緒に過ごすのは正直キツいと話していました。

これは彼が冷たい人間ということではなくて、「心地いい」と感じる距離感は、人それぞれ違うというだけです。

大切な人と、いつも一緒にいたい人、限られた時間を濃密に過ごしたい人、感覚が違うだけで、愛情の深さに違いはありません。

友人なども同じです。大切な友だちとは何でもシェアしたい人もいれば、そうでない人もいる。これも、心地いい友人関係に対する感覚が、ただ違うだけなのです。

だから、仮に大切な人と自分とで「心地いい距離感」が異なる場合は、妥協点を探るというのも大切です。

たとえば、奥さんは旦那さんと、できるだけいつも一緒にいたい。でも旦那さんはそうではない、という場合。

感覚の違いをお互いにわかっていないと、奥さんは旦那さんを「大好きなのに、冷たい」と思いかねないし、旦那さんは「大好きなのに、ときどき鬱陶しい」と思いかねません。そうして、徐々に夫婦仲がギクシャクしてしまう。

感覚の違いは愛情の深さとはまったく関係ないのに、とても残念なことです。

もちろん、親、仲間や友だちなど、あらゆる大切な人たちとの関係で、同じことがいえます。親とあまり仲よくなかったという人が、親元を離れたとたんに関係がよくなったというのも、よく聞く話です。

そういう意味でも、やはりコミュニケーションは大切です。

お互いに、どれくらいの距離感を心地いいと感じるのか。

これも、さっきいったトリセツの一部なのです。

お互いにコミュニケーションをとってトリセツを交換するなかで、距離感もまた、ちょうどいい加減に調整されていくというわけです。

旦那さんといつも一緒にいたい奥さん、そうでない旦那さんの例でいえば、ときには奥さんが「今日は一緒にいてくれてありがとう」と感謝するし、ときには旦那さんが「今日はひとりの時間をくれてありがとう」と感謝するようになるでしょう。

感謝が生まれると、「もうちょっと相手に合わせてみようかな」という気持ちにもなれるはず。結果、旦那さんの意識が変わって、いつもの距離がもう少し縮まるかもしれません。

お互いに自分を尊重し、相手を尊重することで、こんなふうに、半径3メートル以内が笑顔と感謝で満たされるのです。

前に「理解できないことがあっても、愛情の深さは揺らがない」と話しました。

トリセツを交換することも、「愛情の深さは揺らがない」という前提のうえで、より深く理解し合える関係をつくることにつながるというわけです。

トリセツをつくろう!!

あなたのトリセツ

(例)朝はきげんが悪い

大切な人のトリセツ

(例)かなりの人見知り

あなたが大切な人のために
心から喜んでできる行動は?

価値観は「部活動」のようなもの。無理に「勧誘」はしない

大切な人を幸せにするといっても、価値観は人それぞれです。

よく「価値観の相違」が理由で離婚する人がいますが、他人同士、まったく同じ価値観をもつというのは、ほぼあり得ないことではないでしょうか。

血を分けた親子だって価値観は異なります。ましてや、もともと他人である夫婦、仲間、友だちとも、価値観は違って当たり前というわけです。

それなのに、大切な相手を幸せにしたいと願うあまり、自分の信じる価値観に染めようとしてしまう。

これも、「人のために」を第一にすることで陥りがちなワナだと思います。

ポジティブ思考とネガティブ思考で考えると、わかりやすいかもしれません。

ポジティブ思考の人は、ポジティブに生きることで幸せになれると信じている。だから、ネガティブ思考の人をなんとかポジティブ思考に変えようとします。

「物事のいい面を見るようにしよう」「ネガティブに見える出来事にも、意味があるって考えてみて」など、ことあるごとに「ポジティブ思考指南」をしてみたり……。

だけど、そうすればするほど、逆効果になりがちです。

ポジティブ思考の人は「せっかく教えてあげてるのに」と思うだろうし、ネガティブ思考の人は「自分の価値観を押し付けてきて、なんなんだ」と思うだろうし、お互いにいいことがありません。

価値観は、いってみれば「部活動」のようなものです。部活動には、手芸部もあれば山岳部もあるし、サッカー部もあれば化学部もあります。

だけど、それぞれが自分の部活に打ち込むだけで、ほかの部活にいる人を無理やり勧誘なんてしません。

手芸部の人は山岳部の人に「縫い物ができなくちゃ幸せになれない」なんていわないし、山岳部の人は手芸部の人に「生きていくためには山登りくらいできなくちゃダメ」なんていいません。

これと同じことなのに、生き方となると、なぜか多くの人が自分のほうへと引き込みたがります。いわば「ポジティ部」と「ネガティ部」というように、まったく別の部活動をしているのだから、無理やり勧誘しようとしないほうがいいのです。

理解はできなくても、尊重はできる

ポジティブ思考とネガティブ思考を例にとりましたが、すべての価値観に同じことがいえます。**どう生きたいかは、人それぞれだということを、まず理解しておく**必要があると思うのです。

その人の人生に思いを馳せてみると、より理解しやすくなるかもしれません。

「そういう過去があるんだったら、そういう考え方をしたほうが、生きやすいかもね」という感じです。そのなかで、もし相手がこちらの価値観に興味を示してきたら、そのときには、めいっぱい教えてあげればいいでしょう。

もちろん、その逆パターンもありえます。

たとえば「ポジティ部」の自分でも、ときには落ち込みます。そんなときは「ネガティ部」の人が愚痴を聞いてくれたりして、びっくりするくらい的確に寄り添ってくれる場合もあるでしょう。

ただし、相手は自分の生きたいように生きているだけなのだから、それをジャッジしないこと。生き方は部活動、なのです。

たとえ理解はできなくても、尊重することはできるものです。

それはいってみれば、「私には苦しい思いまでして山に登りたい気持ちは理解できないけど、あなたはそれが好きなんだね」と、笑顔で送り出してあげるようなもの。

自分から働きかけるのではなく、ただ尊重するというのもまた、相手を幸せにするということなんだと思います。

お金で大切な人を笑顔にできるだろうか？

ときには、きっと大切な人のためにお金を使いたいと思うこともあるでしょう。

そこでひとつ気をつけてほしいのは、「そのお金を出すことが、本当に相手を幸せにするんだろうか」という点です。

同じ大切な人のために使うお金でも、じつはお金が喜ぶ使い方と、お金が悲しむ使い方があります。

お金が喜ぶのは、いうまでもなく大切な人の幸せにつながる使い方。だから、せっかくお金を使うのなら大切な人が笑顔になる使い方をしよう、というわけです。

たとえば相手の誕生日に、ちょっといいレストランでご馳走するとか、相手の笑顔を思い浮かべながらプレゼントを買うとか、これは、お金が喜ぶ使い方です。

自分が行きたいお店より、子どもが行きたいお店を優先させて、子どもが「おいしい」と笑ったら、これもお金が喜ぶ使い方です。

では、お金が悲しむ使い方とは、いったいどんなことでしょう。

たとえば、ちょっと重い話になってしまうけど、借金を抱えた人が、お金を無心してきたとします。その人が、自分にとって大切な人だったら、できるだけ助けてあげたくなるものでしょう。

でも、それがはたして最善策なのかどうかは、じつは疑問符つきで考えたほうがいいのです。

なぜなら、借金を抱えてお金を無心してくる人は、お金より愛情を求めている場合が多いからです。「愛してるのなら、助けてくれるでしょう」という思考回路で、い

わば「愛情の証」として、お金を求めてくるわけです。

その場合、お金が足りてしまったら、その人は困ったことになります。そうなったら、お金という愛情の証をもらえなくなってしまう。だから、お金が足りない状況をつくり出します。

この状態にハマってしまうと、「お金を無心される」→「お金を与える」→「またお金を無心される」という関係は、ほぼ永遠に終わらないでしょう。

まず寄り添うのが一番ということもある

僕は、自分自身が燃え尽き症候群になって悩んでいたころに、だいぶ心の勉強もしました。

トラウマを抱えた人の思考メカニズムや、そこからの脱出法なども学んだのですが、そこでわかったのは、お金のトラブルを抱えている人の多くは、愛情不足というトラウマを抱えているということでした。

実際に愛情が足りなかったのかどうかはわからないし、あまり問題ではありません。問題は、少なくとも本人が「自分は愛されなかった」と感じていることなのです。

この話が、すべてのケースに当てはまるとは限りません。**ただ、お金を求めてくる人は愛情に飢えている場合が多い。となると、お金を渡すよりも愛情を示したほうが、もしかしたら、その人が幸せになる道が開けるかもしれない、ということです。**

ポンとお金を渡すのではなく、たとえば、じっくり話を聞いたり、一緒にご飯を食べたり（この場合はご馳走してあげてもいいかもしれません）、体を気遣ったり。

こうして「大切に思ってるよ」「愛してるよ」ということを示していると、相手の「愛されたい」という気持ちが〝成仏〟して、お金のほうは、案外すんなり自分でなんとかできたりするものなのです。

少し極端な例を出してしまいましたが、「このお金を出すことが、本当に相手を幸せにするんだろうか」と逡巡することは、お互いの幸せのために、すごく大切です。

いまの例に限らず、たやすくお金を出すことが、かえって相手の幸せへの道を閉ざしてしまうこともあるからです。

それに、お金は自分自身の生活の糧でもあるから、どうしても「自分のぶんを削って、出してあげた」と思いがちです。

たとえ生活に余裕があってもそう思いがちで、ましてや余裕がないなかでお金を出すとしたら、なおのこと自己犠牲意識でいっぱいになってしまいます。


だから余計に、お金を出すときには慎重に考えなくてはいけないと思います。

本当に相手が幸せになれるような使い道だと確信できれば、自己犠牲意識は生まれないでしょう。

ただ、ほんの少しでも疑問が残るなら、やめたほうがいいのかもしれません。

お金を出すよりも、応援する気持ち、「いつだって側にいるよ」という愛情を示したほうが、結果的に自分も相手も笑顔になることは、意外と多いはずなのです。

Chapter 5

「ありがとう」を受け取り、「ありがとう」を差し出す

「心の大富豪」になろう

大切な人を幸せにする、と聞いて、経済力が頭をよぎった人も多いかもしれません。たとえば大切な人が夢や目標をもったときに、自分が経済的に豊かであれば支援してあげられる。たしかにそうですが、じつは、それ以上に大切なことがあります。

それは、「心の大富豪」になること。

ありていないい方かもしれませんが、心が豊かであることが、大切な人を幸せにするには不可欠なのです。

お金が必要ないといっているのではありません。僕がぜひ伝えたいのは、お金との付き合い方を、もっと心豊かにするということです。

じつは、そんな心の大富豪になることが、結果的に、幸せなお金持ちになることにつながったりもするのですが、ここでは、それは大事なことではありません。

お金を受け取る、お金を使う。この日常的な営みからネガティブな感情をなくし、感謝と喜びで満たしていくことが、笑顔の輪を広げていくことにつながるのです。

この本の佳境となる本章では、そんな心の大富豪になるための、お金との向き合い方をお話ししておきたいと思います。

まず、僕のこんな経験から聞いてください。

いままでにもちょこちょこ触れてきましたが、僕は20代前半でオーストラリアを旅し、帰国後には、借金を背負った父親の会社の立て直しを手伝いました。

借金の額は8億円。途方もない額でしたが、数年で完済し、事業をふたたび軌道に乗せることができました。

立て直しの一番のカギとなったのは、ホームページです。

僕がオーストラリアを旅行していたころ、まだ日本にはインターネットがほとんど普及していませんでした。

「@」を「エーマル」、「.」を「ポチ」なんて呼ぶ人が大半で、パソコンもインターネットも、コンピューターに詳しい人の専売特許みたいな感じだったのです。

ところが、オーストラリアではまったく様相が違いました。

すでにネットカフェなんてものもあったし、しかも、若くてお洒落な人たちが利用しています。その姿がすごくカッコよくて、「日本にも必ずインターネットは普及するな」と思いました。

その後、帰国してみたら、ゴルフの会員権を売買していた父親の会社の借金が8億円もの金額にふくらんでいました。これを立て直すには、ホームページを使ってセールスするのが一番早いと思いました。

「ゴルフ場の会員権といえば、数千万円の買い物です。「インターネットで、そんな高い買い物をする人がいるのか」と、だいぶ反対されました。

僕自身、そこまで強い確信があったわけでもないのですが、ホームページを開設してみると、ひとり、またひとりと買ってくれるお客さんが現れました。

そこで売買のやりとりをするだけでなく、お客さんにビジネスの秘訣を聞いたりしました。するとみなさん、口をそろえて「マーケティングが重要」とおっしゃいます。ビジネスの常識ですが、20代そこそこの僕は、そんなことも知らなかったのです。

というわけで、今度はマーケティング関係の資料を読み漁り、学んだことをホームページに反映し……ということを続けました。

結果、無事に借金を完済できたばかりか、かつて以上の規模にまで事業を立て直すことができました。

僕が「マイルドな不幸感」に襲われていたころ

そうなると、ビジネスが自動的に動くようになるため、そこまで働かなくても安定的にお金が入ってくるようになりました。

僕が一種の「燃え尽き症候群」になってしまったのは、このときです。

借金を返した。借金の担保になっていた家も抵当権を外した。大好きな外車も、夢にまで見たクルーザーも買えた。そのクルーザーはいつもマリーナに停泊していて、平日だっていつだって、川や海の風を感じに行ける。

ひと言でいえば、何不自由ない以上の贅沢な暮らし。

だけど、僕の日常はグレー一色でした。まだ独身でしたが、側に大切な人がいて、その人を笑顔にしている生活なんて、想像すらできません。

魂が腐っていくってこんな感じなのかな……クルーザーに乗る僕より、マリーナをデートしている若いカップルのほうが、よっぽど幸せだったりして……。

何不自由ないのに、いや、何不自由ないからこその「マイルドな不幸感」。

けしからん悩みだと思われるかもしれませんが、僕に限らず、一定の不労所得を得るようになった人には、ありがちな悩みのようです。


その理由は、明らかでした。

お金は入ってきても、世のなかの役に立っている実感がなかったからです。

僕は、誰かを喜ばせた対価として、お金を得たかった。それなのに、父親の会社を立て直してからは、それがまったく感じられなくなってしまったのです。

じつはすべてに「感謝」が乗っていた

父親の借金を完済し、贅沢な暮らしができるようになったとたん、マイルドな不幸感に襲われてしまった——。

そこで僕が思い立ったのが、ホームページを使ったマーケティングを伝えるセミナー講師になることでした。セミナーならば、目の前にお客さんがいます。伝えたことを実践してくれた結果も伝わってくるでしょう。

これなら、**誰かを喜ばせた対価として、お金を受け取ることを実感できるに違いない**と思いました。

ただ、その道に進むには、どうしても乗り越えなくてはいけない壁がありました。

ホームページを使ったマーケティングを教える僕自身が、不労所得を得ている。「それって、ちょっとダサくない？」と思ってしまったのです。

お客さんのなかには「これから脱サラして起業します！」みたいな人もいると予想できました。

そんな、いまから安定収入を捨てようとしている人にマーケティングを教えるというのに、僕自身は安定収入をバリバリ得ている。僕だけ完全なる安全地帯に立って、ものを教えるのは、なんかちょっと違うなと思いました。

本当にやりたいことだけで食べていこうと思ったら、いまの収入を捨てるべきなんじゃないか……。

そう思った僕がやったこと、それはホームレス体験をすることでした。

我ながら突飛な発想だけど、不労所得に後ろめたさを感じているのなら、一回「お金ゼロ」を体験すればいいんじゃないかと思ったのです。

人が恐怖を感じるのは、実態がわからないからです。お金をいっさい使わないホームレス体験をしたら、お金がなくなることへの恐怖も解消できるはずだと思いました。

こうして実践した2泊3日のホームレス体験。

超短期間でしたが、やってみたらまわりの「ホームレス仲間」たちはすごく親切だし、それなりに食べ物にもありつけるし、意外となんとかなるものでした。なんならバックパックでカンボジアを旅行したときのほうが、キツかったくらいです。

この体験で吹っ切れた僕は、その後、セミナー講師としてスタートしました。

予想どおり、お客さんが目の前にいることで、「誰かを喜ばせた対価としての収入」に実感がもてるようになりました。「これこれ！　こういう感じを求めていたんだ」と、充実感に満たされていきました。

すると、不思議なことに、「じつは、前々からそうだったんじゃないか？」と思えてきたのです。

父親の会社を立て直してから得ていた収入にも、ちゃんとお客さんの「ありがとう」の気持ちが入っていたんだ……そう思えるようになっていきました。

要するに、僕の感覚が麻痺していただけ。いまも昔も、受け取るお金は、もれなく誰かを喜ばせた対価だったんだと、気づくことができたのです。

するとお金を払ってくれる人に対しても感謝の気持ちが湧き上がります。

お金を受け取るときに、払ってくれる人の「ありがとう」の気持ちも、ちゃんとキャッチする。キャッチすることで、自分も「ありがとう」と感じる。

僕はずいぶん遠回りしてしまったけど、この感性を磨いておくことも、すごく大切です。これが鈍っていると成功しても長続きしないし、きっと幸福感も薄くなってしまうでしょう。まさに僕自身がそうだったように。

お金は、ただのお金ではありません。お金を通じて、「ありがとう」のやりとりをしているんだと僕は思います。

だから「ありがとう」と一緒にお金を受け取り、そして「ありがとう」と一緒にお金を払う。自分のまわりを幸せで満たしていくには、こういう心の豊かさが欠かせないというわけです。

受け取るお金は、すべて「誰かを喜ばせた証」なんだ

あなたの仕事は、人を幸せにしていますか？

こう聞かれて、躊躇なく「はい」と答えられたら素敵です。

「私の仕事はどうなんだろう……」と思ってしまった人も、大丈夫です。何かしらの仕事をして、お金を受け取っているということは、すべて、あなたが誰かを喜ばせている証だからです。例外なく、です。


僕も、前項でお話ししたような経緯があって以来、お金を受け取るときには、払っ

てくれた人が喜んでくれたことを想像するようにしています。

たとえば、本の印税が入ってきたときには、その本が、どこかの見知らぬ人の手に届いて、きっと喜んでもらえているんだと想像してみます。

すると、人に喜んでもらえたうえに、お金まで手に入って、「やばいくらい幸せじゃない？」と思います。「お金をいただいて、ありがたいな、喜んでもらえて、うれしいな」——それしかありません。

これは何も特殊な世界の話なんかではなく、どんな職業でも同じです。

ぜひやってみてほしいのは、受け取るお金の出所を、少し長めに想像してみること。

たとえば、小売店の店員さんだったら、どうでしょう。

お給料は、雇用主であるお店から支払われますよね。

では、お店はどこからお給料を払うかというと、自分のところで扱っているモノやサービスを買ってくれたお客さんのお金です。

そしてお客さんがお金を払ったのは、そのモノやサービスが欲しかったから。つまり基本的に人は、自分の幸せや喜びのためにお金を使うわけです。

だとしたら……もうわかりますよね。

小売店の店員さんが受け取るお金にも、もれなくお金を払った人の感謝が乗っかっているということです。

このように、どんな仕事でも、受け取るお金が辿ってきた道のりを想像してみると、その先には、必ず誰かの幸せや喜びが見えるはずなのです。

たとえ自分の仕事を愛していなくても、その仕事にお金を払っている人たちは、きっと感謝してくれているはずだと考えてみてください。

それでも、仕事を心から愛せるようにはならないかもしれません。ただ、受け取るお金には、もれなくお客さんの感謝が乗っかっているんだと考えれば、だいぶ心持ちは違ってくるはずです。

つくっていた営業スマイルも、ちょっとだけ心からの笑顔になるかもしれません。そうしたら、お客さんをもっと幸せにできるし、笑顔で人を幸せにできた自分も、もっと幸せになれるでしょう。

じゃあ、もし誰の幸せも喜びも見えてこないような仕事に就いているとしたら？

その場合は、お金の道のりを想像しているうちに、自分のほうが変わっていくでしょう。なぜなら、人は本質的に「誰かを喜ばせたい」と思っているものだから。

お金の道のりを想像してみるというのは、いい換えれば「自分の仕事で、どれだけ人が幸せになっているんだろう」と想像してみることです。

そこで誰かの幸せや喜びが見えたほうが、何より自分がうれしい。だから自然と、見える方向に進んでいくはずなのです。

「お金」と「ありがとう」は常にセットで考える

こんなふうにお金の道のりを想像するようにしていると、いまの仕事を続けるにせよ、転職するにせよ、お金を受け取ることに罪悪感がなくなります。

受け取るお金は、すべて「誰かがどこかで喜んでくれた証」。キラキラでピカピカの宝物です。そう思えば、自然と自分のほうにも感謝が湧き上がります。

さっきいったみたいな「お金をいただいて、ありがたいな、喜んでもらえて、うれしいな」で満たされるということです。

じつはこれも、半径3メートル以内を笑顔にしていくために重要なことです。

というのも、僕のまわりを見ていると、お金と「ありがとう」をセットで考えられる人ほど、自分もまわりも笑顔にしているという共通点があるからです。

お金を払った人の感謝もちゃんとキャッチしているし、お金を払ってくれたことに対して自分も感謝している、そしてだからこそ、自分がお金を使うときにも、感謝とともに使うことができる——そんな印象なのです。

想像力を高めて、お金と「ありがとう」をセットで考える。

いま、実際にどれくらいのお金を受け取っていようと、この前提に立つことが、自分と周囲の幸せにつながるんだと考えてほしいと思います。

「モノの過去」と「お金の未来」を想像すると、感謝があふれてくる

お金に対するネガティブイメージがなくなると、お金を受け取ることにも、払うことにもネガティブ感情が起こらなくなります。

感謝とともに受け取り、感謝とともに払う、この循環をつくり上げることを通じて、まわりを幸せにしていくこともできるということです。その循環をつくり上げるには、お金の流れを長めに想像してみることが欠かせません。

前項では、自分が受け取るお金が辿ってきた道のりを想像してみる、ということをお話ししました。これに加えて、**お金を払うときの自分の「感謝の感度」を上げてみ**

るというのも、すごく素敵なことです。

まず、お金を払うものの「過去」について想像をめぐらせてみてください。

過去というのは、自分が買おうとしているモノやサービスが、どんな経緯を辿って、いま自分の手に入ろうとしているのか、ということ。

たとえば、駅のホームの自動販売機でペットボトルのミネラルウォーターを買う。

この何気ない買い物ひとつをとってみても、過去を想像してみると、途方もない道のりが思い浮かびます。

きっと、どこかの山の湧き水が汲み上げられて、どこかの工場に運ばれ、おそらくいろいろな工程を経てペットボトルに詰められるのでしょう。

それが、はるばる自分のいる町にまで運ばれ、さらにこまかい流通ルートに乗って、その駅のホームの、その自販機に辿り着いたのでしょう。

すべての工程が、どこかの誰かの仕事です。

具体的な工程は、すべて想像の域を出ませんが、とにかく途方もない道のりを経ているということを、自分で想像してみることが重要です。

僕たちがワンタッチで、しかも100円程度でおいしい水が買えるのは、いろんな人たちの時間と技術と労力のおかげ。そう想像してみるだけで「うわ〜、ありがたいな〜」と思えてきませんか？

もう少しリッチな話にすると、ホテルのラウンジでハーブティを飲むとき。たいていは千円以上します。もちろん、茶葉をスーパーで買って自分で淹れるより、はるかに高くつきます。でも、高い天井の広い空間で、ふかふかのソファに座り、サービスの行き届いたスタッフの応対を受けて、窓からはいい景色が見えていて……。

そんな環境で、丁寧に淹れられたお茶を飲めるわけです。千円以上は確かに高いけれど、その値段には、いま挙げたようなすべてが含まれていると考えたら、やっぱり「すごいよな、ありがたいよな」と思うのです。

これが、お金を払うものの「過去」を想像して、感謝の感度を高めるということ。

では、今度は「未来」に目を向けてみましょうか。

未来は何かというと、自分が払うお金を受け取った人たちが、そのお金をどう使う

のかな、ということです。

わかりやすいように、これは、相手の顔が見える小売店で考えてみましょう。

たとえば、コンビニエンスストアでポテトチップスを買う。これだって誰もが日常的にする買い物でしょう。そのポテトチップスが自分の手に届くまでにも、途方もない時間と技術と労力がかかっていることは、もう想像できますよね。

ここで想像したいのは、自分が払ったお金の未来です。

たった数百円の買い物ですが、自分が払ったお金の一部は、そのコンビニエンスストアの利益になり、そこから目の前の店員さんの給料が支払われます。

また、払ったお金の別の一部は仕入れ費として、商品をつくっているメーカーに支払われ、そのメーカーの社員さんたちの給料になります。

お給料を受け取った店員さんや社員さんたちは、そのお金を何に使うでしょう。

若い女性の店員さんだったら、素敵な洋服を買って、彼氏とデートに行くかもしれません。家庭のある社員さんだったら、家族を養ったり、自分の趣味に使ったりするのでしょう。

ほんの数百円の例ですが、このミクロな話をマクロに広げて想像してみてください。日々、みんなが少しずつお金を使うことで、お店やメーカーは利益を上げ、それが店員さんや社員さんのお給料になるのです。

すると、日々、自分が感謝して使うお金は、その先々で、また別の誰かの幸せな喜びのために使われるんだと想像できるでしょう。

これが、お金を払うときに想像したい「未来」の話です。

今日も誰かが、自分のために汗をかいてくれている

お金って結局のところ、自分がかけるべき労力の何十分の一や何百分の一でものを手に入れたり、自分の努力では手に入らないものを手に入れたりできるツールです。

自分で南アルプスまで出かけていって、大変な思いをしておいしい水を汲む代わりに、100円を出せば手に入る。

自分ではつくれないおいしいポテトチップスが、数百円を出せば手に入る。

こんなふうに、僕たちが相当な労力をかけなくてはいけないことや、そもそも僕たちにはできないことを、お金を出すことで叶えてもらっているわけです。

これって本当にありがたいことですよね。

今日も誰かが、自分のために汗をかいてくれています。お金は本来、その人たちへの感謝とともに使うものなのです。そして、感謝して払ったお金は、もれなくどこかの誰かの手に届き、その人たちの楽しみや喜びの原資となります。


こんなふうに過去と未来を想像できると、舌打ちしながらお金を使うことなんて、なくなるはずです。人の仕事をありがたがっていると、自然と自分の仕事にも、同じようにありがたがってくれる人がいるんだと思えるようにもなるでしょう。

感謝ベースでお金をとらえると、受け取るお金にも出ていくお金にも喜びしか感じなくなります。幸福度がまったく違ってくるのです。

誰も見ていないところで「寄付」をすると、マインドが一気に変わる

お金の不安があると、幸福度は一気に下がります。

僕は、「お金ゼロ」のホームレス体験をすることで、「お金がなくてもなんとかなる」と思えるようになりましたが、これは一種の荒療治です。決しておすすめはしません。そんなことをしなくても、お金がなくなる不安や恐怖を克服する方法が、じつはあるのです。

それは「寄付」をすることです。

これは、僕が20代半ば、まだ父親の会社を手伝っていたころに、ある立派な経営者

の方からすすめられたことです。

「お金持ちになりたいのなら、寄付をするといいよ」といわれて、僕はさっそく近所のコンビニエンスストアの募金箱に、ドカンと1万円を入れてみました。

じつは、そのコンビニのアルバイトの女の子が、すごく僕のタイプで、その子にいいところを見せたいっていう下心もありました。

その子がいるレジに行って、代金を払い（たしか缶コーヒーでした）、おもむろに出した1万円札を四つ折りにして募金箱に入れようとしたその瞬間。

レジの後方で「ピーッ」と電子レンジが鳴り、その子はクルリとうしろを向いてしまったのです。前のお客さんが買ったお弁当を温めていたんですね……。

「いいところを見せられないなら引っ込めよう」と思ったら、隣のレジの男の子が「うわ〜！　この人、1万円も寄付しようとしてる！」という目で僕を見ています。

そうなったら引くに引けなくなって、そのまま1万円を入れた……というわけで、僕の最初の寄付は、なんとも情けない顛末となりました。

できる範囲でいいから、人を助ける習慣をもとう

情けなかったけれど、寄付は寄付です。

これで大口の仕事が決まるかな、それとも何か臨時収入があるのかな……なんてムシのいいことを考えていたのですが、何も起こりません。

1週間後、寄付をすすめてくれた経営者の方と会う機会があったので、僕はさっそく愚痴をこぼしました。

「社長、1万円も寄付したのに、何も起こらないのですが……!」

すると、その経営者は、

「僕は何かが起こるなんて、ひと言もいってないよ」

といいます。「えー!(じゃあ、あの1万円は何のために)」と驚く僕に、その経営者の方は、こう続けました。

「でも、言われたとおりにやったのは素晴らしいこと。ただ、寄付っていうのは粋にやるもんだよ。君は人に見られたくてコンビニで寄付したよね。そうじゃなくて、今度は誰からも見られていないところで寄付してごらん。続けていけばわかるから」

「誰からも見られていないところ」となると銀行振込がいいのかなと思って、僕はさっそく銀行で、ユニセフや赤十字への寄付を始めました。

やるからには徹底しようと、振込者の名前欄には偽名を入れました。本当は、めちゃくちゃ自分の名前を入れたかったけど……。

それをどれくらい続けたころだったか、いつの間にか、お金に対する執着がなくなっている自分に気づいたのです。

その代わりに現れたのは、底知れぬ安心感と信頼感でした。

「自分に何かあったときも、きっとどこからか入ってくるな」

「だから、お金が欲しくてギラギラする必要なんて、ぜんぜんないじゃん」

と、心から思えたのです。

寄付をすすめてくれた経営者の方の言葉を思い出しながら、僕は、お金持ちは経済的にだけでなく、心の大富豪でもあるんだということを理解しました。
事業が一気にうまくいきだしたのも、ちょうどそのころのこと。お金持ちの心の余裕を早いうちに知ることができたのは、僕にとってすごく大きなことでした。

大きな額である必要はありません。本当に自分の生活を脅かさない程度の額を、ただし、定期的に寄付してみてください。
信頼できる団体に託せば、自分のお金は、必ずどこかで誰かのために使われます。彼らからしてみれば、どこの誰とも知らない人が、自分たちのためにお金を出してくれているわけです。

世のなかは、助け合いで成り立っている部分が、じつはすごく大きい。その助け合いの輪のなかに入っていることを、寄付を通じて実感すると、「自分が困ったときも、きっと誰かが助けてくれる」と信じることができるのです。

心の大富豪も、じつは「超素敵な自己中」の一種

寄付の習慣をもつと、すでに数多くの見知らぬ人のサポートを受けて、いまの自分があるんだと気づくこともできます。

たとえば、僕はこの原稿を書いている今日、首都高速道路を走りました。首都高は1962年、東京オリンピックの開催直前につくられたものですから、そのころの納税者のおかげで、今日の僕は首都高を走れたことになります。

これに限らず、ふだん何気なく使っている交通インフラも生活インフラも、すべて

は、戦後、焼け野原から再スタートした人たちが、いまの日本の礎を築いてくれたおかげです。

中学校までの公教育は、見知らぬ誰かの税金によって支えられています。医療費を全額払わなくて済んでいるのは、国民皆保険のおかげです。年金だって、損得では考えられません。いま僕たちが暮らす日本をつくってくれた人たちのリタイア後の生活を、その人たちの働きにあずかっている僕たちが支えるというのは、いってみれば当然ではないでしょうか。

このように、挙げられる例は数限りありません。そう考えてみると、税金や年金や保険料を払うときの意識も変わってくるはずです。

なかには、「自分はほとんど病院にかからないのに、毎年、たくさん健康保険料をとられて悔しい」なんて思っている人もいるかもしれません。

でも、そのお金がどこかで誰かの役に立ち、そして万が一、自分が病気になったときには、どこかの誰かのサポートで、だいぶ医療費が賄われるのです。

税金も、つねに無駄遣いが議論されていますが、それにしたって大半は世のため人のために使われているはずです。いま僕たちの多くが一定の快適な暮らしを保てていることが、何よりの証でしょう。

自分は誰かを支えて幸せにできるし、自分もまた誰かに支えられて幸せにしてもらえる。そのための原資なんだととらえてみると、税金や年金や健康保険料も喜んで払えるようになれるはずです。

人助けの恩恵を一番受けているのは自分自身

きれいごとと思われそうですが、誤解しないでください。

国にとられるお金すら、喜んで払ったほうがいいというのは、「世のため人のため」が一番ではなく、何より「自分自身のため」になるからです。

喜んで出すことで、「困ったときはお互い様だよね」と信じられるようになれば、お金に対する執着や不安が消え、幸福度が上がるからなのです。

そんな意識改革を自分自身に起こすためにも、前項でも話したように、寄付をしてみるのはおすすめです。

ちなみに僕は、いまもいろいろな団体への寄付を続けています。

団体の多くがマメに活動報告を公表していて、なかには寄付を受けた子どもたちの生の声を届けてくれるところもあります。

そういうものに触れるたび、心があたたかくなります。いい洋服を買ったり、高級な焼肉を食べたりするより、ずっと感動して心が豊かになります。そして、さらに安心感と信頼感が増すのです。

寄付というと、まるで慈善家のように思われそうですが、あげるという行為そのものに、何より自分自身が幸せを感じるから、やっていることなのです。

つまり、もっとも恩恵を受けているのは自分自身。

そういう意味では、心の大富豪になるというのも、本書の最初のほうでお話しした「超素敵な自己中」の一種というわけです。

僕がたどり
着いたのは、
結局、目の前の人を
笑顔にすることだった

Last
Chapter

「大切な人のため」と思ったら、100倍の力が発揮できた

僕のいままでの人生を振り返ってみると、たどり着くのは、やはり親への感謝です。世のなかには親と断絶してしまっている人もいるだろうに、僕には、少なくとも親孝行したいと思える親がいた。これは、いまの僕を形成する大きな出発点でした。

そうでなければ、経営が火の車だった父親の会社を手伝うこともなかっただろうし、ホームページを使って売り上げに貢献することもなかったでしょう。

となれば、「燃え尽き症候群」にも悩まなかっただろうし、そこからセミナー講師として生きる道を探ることもなかったに違いありません。

当時の僕にとって、大切な人とはまぎれもなく親であり、「大切な人のため」と思ったら「自分のため」の100倍もの力を発揮できた。そのすべてが、いまの自分につながっているのです。

といっても、最初から親孝行したいと思っていたわけではありません。

むしろオーストラリアに行く少し前までは、父親をあまり尊敬できなかったし、仲もよくありませんでした。

僕がバイクをいじっていたりするといい顔をしなかったりと、父は何かと僕が楽しんでいることに反対するきらいがあったのです。

それが打って変わって、めいっぱい親孝行したいと思えるようになり、そのために100倍もの力を発揮できたきっかけは、2つありました。

「好きなようにやってごらん」で勇気凛々

ひとつは、父親の会社で営業の現場を仕切っていた岩本さんという方です。

岩本さんは、一流大学を卒業後、有名自動車メーカーで設計をしていたというエリート。僕からしたら「どうして親父の会社なんかに転職してきたんだろう」と思ってしまうような人でした。

この方が僕をかわいがってくれて、学校が休みの間なんかは、昼時になると、よく焼肉に連れて行ってくれました。

あるとき、岩本さんに聞いてみたことがあります。

「すごい会社に勤めてたのに、どうしてこの会社に来たんですか？」

岩本さんの答えは、とてもシンプルでした。

「僕はゴルフが大好きでね。親父さんの会社にいると四六時中ゴルフができるから、いまが人生で一番楽しいんだ」

当時、僕は中学生か高校生だったと思いますが、この答えで、少し父親を見る目が変わりました。**「へえ、親父の仕事って、誰かを幸せにしてるんだ」**と。

ずっと抱えていた父親へのわだかまりが、解けた瞬間でした。

その後、会社の経営が悪化し、社員が続々と去っていくなかで支えてくれたのも、社員となった僕がホームページを使うことを提案したときに「**好きなようにやってごらん**」といってくれたのも、すべて岩本さんでした。

ところが、事業が上向きかけたところで、岩本さんにガンが見つかります。

すでに末期にまで進行していて、即入院となりました。

現場の司令塔が急にいなくなり、社員は一瞬、パニックに陥ります。

でも、すぐにみんな奮起しました。「岩本さんのぶんもがんばろう」という一心で、それぞれがみるみる成長していったのです。

結局、岩本さんはガンが見つかってからほんの3か月で亡くなってしまいますが、なんの思し召しなのか、亡くなった翌日に、うちの会社がヤフー検索でヒットするようになりました。

当時は、ヤフーに出るかどうかで、売り上げに格段の差が出るといわれていました。

ただ、ヤフー検索でヒットする企業は、ヤフー独自の審査基準にしたがって、人が一つひとつ審査していました。それが、かなりの難関だったのです。

その審査基準は厳格な社外秘扱いとなっており、審査基準に合わせて申請する、という戦略が成り立ちません。うちの会社も、申請しては審査に落ちる、というのを何度か繰り返していました。

それが、岩本さんが亡くなった翌日に、審査に通ったことがわかったのです。

その直後から、みるみる売り上げが伸び、これを皮切りに、傾いていた会社が一気に盛り返していきました。

もし死後の世界があるのなら、僕には「こんな人生を送って、僕は幸せだったよ」って報告したい人が2人います。

ひとりは和平さん、そしてもうひとりは、この岩本さんです。

会社に入った当初の僕は、仕事のイロハを何も知らない、そうとう使えない社員でした。そんな僕が力を発揮し、会社の立て直しに貢献できたのは、あのとき岩本さんが「好きなようにやってごらん」といってくれたから。そうでなければ、僕は多少は会社員として成長しても、大した業績を残せないままだったでしょう。

岩本さんは、まず父親に感じていたわだかまりが解け、「親孝行したい」と思うきっかけをつくってくれました。そして「大切な人のため」に100倍もの力を発揮するチャンスも与えてくれたのです。

「自分のため」が満たされたら、「大切な人のため」に動きたくなった

さて、僕が「大切な人のため」と思ったら100倍の力が発揮できた、その2つめのきっかけとなったのは、当の両親でした。

高校を卒業後、やっとの思いで入った短大も「僕が知りたいことを教えてくれない」という理由で除籍してしまい、僕はすっかりプー太郎でした。

そんなとき、アルバイト先の先輩がオーストラリアを旅行してきた話を聞いて、「うわ~俺も行きたい！　行く！　どうせならチャリでまわってやる！」となったのが、本書でも何度か触れたオーストラリア旅行の発端でした。

勉強を放り投げてアルバイト生活を送っていた息子が、突然「オーストラリアを自転車でまわる」なんていい出したら、反対する親も多いでしょう。

でも僕の両親は、まったく反対しませんでした。それどころか空港に見送りに来てくれたし、前にも書いたように、必要なものができるたびに送ってくれました。

僕のやることに難癖をつけることも多かった父ですが、このときばかりは、やりたいことを100パーセントやらせてくれたのです。

この時点で、両親には感謝。そのためなのか、行く先々で、街を行く高齢夫婦に、つい自分の両親を重ねてしまいます。

オーストラリアには、手をつないで幸せそうに歩いている高齢夫婦が当たり前のようにたくさんいました。見るからに悠々自適という感じで、こんな豊かな老後生活ってあるんだと思いました。

そんな姿を目にするたび「**うちの両親にも、あんな老後の幸せを味わわせたい。じゃなくちゃ俺も幸せになれない**」と思ったものです。

その後、帰国してみたら、父親の会社は火の車でした。

旅行中に「親孝行欲」でいっぱいになっていた僕が、「よし、親父とお袋のためにがんばろう」と思えたのは自然な流れだったのです。

このように、親に反発し、好き勝手やらせてもらった僕がたどり着いたのは、結局、目の前の大切な人を笑顔にすることでした。「自分のため」が満たされた先にあったのは、「大切な人のため」だったというわけです。

幸せにしたい人の輪を広げていく、ということ

そう考えると、前に和平さんが話していたことも、感慨深く思い出されます。

和平さんは「成功者は気がもつから成功する。気がもつかどうかは、どういう動機があるかによる。どんな動機なら気がもつかを知るには、偉人の伝記をいっぱい読むといいがね」といっていました。

いわれるまま読んでみたけれど、僕にはちっとも成功者の動機が読み取れません。

そこで思い切って、「和平さんの読み解く偉人たちの動機って何ですか？」と聞いてみたら、次のような答えが返ってきました。

「まずはじめの動機は『家を守ろう』だったがね。女房子どもを食わせよう、父さん母さんを安心させよう。それが叶うと次は『地域社会』。自分が住む地域を、いかに豊かにするか。それが叶ったら、いよいよ『国』だったがね。

こうやって、偉人たちはどんどん動機を大きくしていった。国家は家の集まりだから、はじめに『家』が大事なんだがね」

このときは正直よくわからなくて、「ですよね〜」なんて適当に相づちを打ってしまったのですが、いまなら和平さんの真意がわかる気がします。

結局のところ、もっとも身近なところを満たすことができなくては、大きなことなんて成し遂げられないということでしょう。

和平さんは「最初は家」といっていたけれど、たぶん、その前提には「自分を満たす」ということがあったはずです。自分を満たすということにおいて、和平さんほどの達人を、僕はほかに知らないからです。

自分を満たし、人を満たし、人生は豊かに形づくられていく

本書の冒頭で、「人を幸せにするということには、陥りがちな落とし穴がある」といいました。

ここまで読んでくれた方なら、その答えは、すでに飲み込めていると思います。

その落とし穴とは、自己犠牲意識です。

「やってあげている感」から来る、見返りを求める気持ちです。

この気持ちがある限り、いくら大切な人を幸せにしようと思っても、お互いに幸せにはなれません。恩を押し売りしたり、されたりしながらでは、人は心から笑えないものなのです。

その落とし穴にはまらないためのカギは、「すでに、どれほど幸せにしてもらっているか」ということ、「自分という存在が誰かを喜ばせる」ということ、そして「大切な人を幸せにすることが、自分の幸せになる」ということ。

本書の冒頭では、こうもいいました。

見返りを求めず、半径3メートル以内を心からの笑顔で満たしていくには、こうした感謝と自信で自分を満たした「**超素敵な自己中**」になることが欠かせないのです。

そういう僕も、まだまだ自分を満たす途上にあります。

まわりにどれほど幸せにしてもらっているかを、つい忘れて、ささいことに「チッ」って思ってしまうこともしょっちゅうです。

そんなちっちゃい自分が顔を出すたびに、前にもお話ししたように、

「いまの俺、ちょっとやばいかも」

「10年後の素敵な自分なら、なんていうだろう?」

「和平さんだったら、どう対応するかな?」

と考え、10分後の幸せのためにいまの設定を変える。その繰り返しです。

でも、この繰り返しをしていけば、きっと10年、20年後には、かなりバージョンアップできているんじゃないかなと思います。

40代で自分を満たし周囲を満たし、50代を経て60代以降は、本当に周囲のためだけに生きたいというのが、いまの僕のビジョンです。

そのころには、もっと強くて揺るがない「満たされた感」をもとに、もっともっとまわりの人たちを笑顔にできていたら……。

そうなっていたら、何より自分自身が、より豊かな幸福感に包まれているんだろうなと、いまから楽しみで仕方ありません。

まず自分を満たすこと。

そうして初めて、半径3メートル以内にいる大切な人たちを笑顔にしていけます。

そのためならば、１００倍もの力を、喜んで発揮することができます。

こうして笑顔の輪がどんどん広がっていくことで、結果的に、何か大きなことが、いつ間にやら成し遂げられてしまう。人生はこんなふうにして、豊かに幸福に形づくられていくものなんだと思います。

さあ、あなたは人生をどう形づくっていきますか。

最後にあなたに質問です。

「あなたの半径3メートル以内には、誰がいますか?」

身近な人を幸せにしようと、本気で動いてごらん。人生が拓けるから――。

もしそれが難しければ、自分を本気で幸せにしようと動いてごらん。人生が好転するから――。

やり切ると、周囲の人がどれだけ自分を幸せにしてくれたか気づくから――。

いま、僕には7歳の娘と2歳の娘がいます。

まだ娘たちにこのメッセージは伝わらないかなと思いますが、いずれ大きくなって、何かに悩むことがあったら伝えたいなぁと思っています。

最大の親孝行は、親の期待に応えることではなく、子どもが幸せに生きること。

親になって、こんなことを思うようになってきました。

パパやママの期待に応えなくてもいい。認められようとしなくていい。どこに行っても幸せを感じられる人になってもらえれば。

まだ40代半ばの僕が人生を語るのは早いかもしれませんが、僕の人生で一番幸せを感じるのは、身近な人たちとのかかわりです。

何か大きなことを成し得たとしても、身近な人との関係が冷え切っていたら、寂しさしか感じないでしょう。何かに失敗したとしても、身近な人との関係があたたかいものであれば、人生に絶望することはないでしょう。

何かやりたいと思ったとき、自分にその才能がないとしても、才能ある友人や周囲の人が助けてくれたりします。

反対に、自分の才能で周囲の人たちを喜ばせることもできるでしょう。

もっとも大きな幸せは、人とのかかわりで生まれるものではないでしょうか。

僕の人生の目的は「笑う時間を少しでも長くすること」です。

これはまだ若い20代のころ、典型的な〝自分探し君〟だった旅人時代に発見した、人生の目的でした。いまでも、この目的を大切にしています。

ひとりで笑うよりも、親しい人たちと一緒に笑う。

一緒に笑った思い出は、その後、何度も人生を豊かにしてくれます。

この地球上で笑うことができる生物は、人間だけです。

「笑う」というのは、とても高度なことかもしれません。

せっかく人間に生まれたのです。たくさん笑って、たくさん豊かさを感じたい。

子どもたちも、たくさん笑って、たくさん笑わせてもらって、たくさん笑わせることができるといい。そのためにも、

「自分が大好きなことをやろう」

「人を好きになって、人から好かれよう」

「そして、大好きな人たちに囲まれよう」

そんなことを、いつの日か、子どもたちに伝えたいと考えています。

「自分が好きなことをやるといいよ」

まだ中学生のころ、父の右腕であった岩本さんがうれしそうに語ったひと言でした。

父の会社に遊びに行ったとき、岩本さんが焼肉をご馳走してくれて、

「いまね、本当に幸せなんだ。お父さんの会社に来れてね、大好きなゴルフを好きなだけやらせてもらえてね。だからね、晃ちゃんも好きなことを仕事にするといいよ」

岩本さんの笑顔を見ながら、反抗期真っ只中にいた中学生の僕は、父を誇らしく見直せるようになったのです。


いま僕は、好きな仕事をして、好きな人に囲まれて生きています。

こんな生き方ができるようになれたのは、いま思い返すと、岩本さんのひと言が大きかったに違いありません。


半径3メートル以内にいる人が、どれだけ自分を幸せにしてくれたか？

昔の僕はなかなか気づくことができませんでしたが、ここに気づけると、人生が一気に豊かになると思っています。

僕の半径3メートル以内の人たちは、本当に僕を幸せにしてくれています。
たくさんの人たちの顔が思い浮かび、全員の名前を挙げると、それこそもう1冊分のページが必要になりそうです。本当にありがたいことです。

最後に、この本をお読みいただきありがとうございます。
あなたと、あなたの半径3メートル以内がどんどん幸せになり、その輪がどんどん大きくなりますように。

そして、いまもっとも僕を支えてくれる妻に、心から感謝をしたいと思います。
いつもありがとうね。

2019年　東京の自宅にて

本田晃一

著者プロフィール

本田晃一（ほんだ・こういち）

1973年生まれ。1996年にバックパッカースタイルで世界をまわる。オーストラリア大陸を自転車で横断したとき、多くの人がインターネットに触れていることに刺激を受ける。 帰国後、父のゴルフ会員権売買業を手伝う。ゴルフ会員権を購入されるお客様は、経済的にだけでなく生き方も豊かな方が多く、たくさんの助言をいただく。そのアドバイスをもとにホームページを立ち上げ、年商10億円を超える。 富裕層のお客様から、愛されるビジネスの構築だけでなく、家族との幸せな時間を大切にするための、自由でプライベートな時間を確保する秘訣も教わる。ネットマーケティングのパイオニアと呼ばれ、コンサルや講演依頼が多く来るようになるが、講演よりも多くの人に届けられるブログや公式ホームページを通して、ハッピーに生きる秘訣などを情報発信している。2007年、日本一の個人投資家・竹田和平氏から後継者としての打診を受ける。和平哲学の素晴らしさに感銘を受け、気がついたら500泊寝食をともにし、帝王学を学ぶ。 夢は多くの旦那（与えられる人）を育てること。
著書に『日本一の大投資家から教わった人生でもっとも大切なこと』（フォレスト出版）、『はしゃぎながら夢をかなえる世界一簡単な法』（SBクリエイティブ）などがある。

本田晃一 公式サイト
https://hondakochan.com/

半径3メートル以内を幸せにする

2019年3月1日　第1刷発行
2019年3月10日　第2刷発行

著　者　本田晃一

発行人　櫻井秀勲
発行所　きずな出版
東京都新宿区白銀町1-13　〒162-0816
電話03-3260-0391　振替00160-2-633551
http://www.kizuna-pub.jp/

印刷・製本　モリモト印刷

ISBN978-4-86663-063-2

きずな出版